당진지역 3·1 혁명 운동 약사
-사건과 인물 열전-

김학로 지음

진인진

당진지역 3·1 혁명 운동 약사 -사건과 인물 열전-

초판 1쇄 발행 | 2019년 12월 30일

지은이 | 김학로
편   집 | 배원일
발행인 | 김태진
발행처 | 진인진
등   록 | 제25100-2005-000003호
주   소 | 경기도 과천시 별양상가 1로 18 614호(별양동 과천오피스텔)
전   화 | 02-507-3077-8
팩   스 | 02-507-3079
홈페이지 | http://www.zininzin.co.kr
이메일 | pub@zininzin.co.kr

ISBN 978-89-6347-433-5 93900

* 책값은 표지 뒤에 있습니다.

올해 대한민국은 '3·1혁명'과 '대한민국 임시정부 수립' 100주년을 기념하는 것으로 시끌벅적했다. 그도 그럴 것이 대한민국은 명실상부 3·1혁명을 통해 건립된 대한민국 임시정부의 법통을 이어 받은 나라이기 때문에 지극히 당연한 일이다. 특히 '민국 100년'을 주요한 홍보문구로 사용했던 것은 특별한 의미가 있다고 생각한다. 그것은 민국이란 정체가 제국과는 차원이 다른 개념이기 때문이다. 수많은 독립운동가들이 일제와 맞서 독립운동을 벌였지만 그 중에는 대한제국의 독립을 위해 투쟁했던 이들도 적지 않았다.

대한민국 임시정부는 민주공화제를 국가의 정체로 삼았다. 이렇게 할 수 있었던 것은 전적으로 3·1혁명의 결과였다. 그렇기 때문에 3·1운동이 아니라 3·1혁명이라 칭해야 하는 이유가 여기에 있다. 3·1혁명 이후 독립운동가들은 스스로 혁명가라고 불렀고, 혁명가라 불리길 원했다. 그 이유는 일제에 맞서 되찾고자 했던 나라가 대한제국이 아니라 혁명적 정부인 민주공화국이었기 때문이다. 3·1혁명을 다시 보고, 독립운동가를 다시 보고, 민국 100년의 의미를 다시 살펴봐야할 연유이다.

3·1혁명 100주년을 맞아 전국에서 100주년의

의미를 기념하는 각종 기념행사가 열렸다. 반가운 일이라 하지 않을 수 없다. 그러면서도 한편으로 허전함을 느꼈던 것은 앞서 밝힌 의미가 그 속에 얼마나 깃들어 있었나를 생각했기 때문이다. 그것은 사회 현상으로도 확인할 수 있었다. '민국 100년'의 의미를 되새기고자 할 때, 한쪽에서는 100년 이상 된 낡은 이념을 되뇌이는 무리들의 모습이 보였고, 어느 때보다 친일반민족적 언사가 난무했다. 심지어는 일본의 은혜를 들먹이며 아무런 꺼리김 없이 스스로 토착왜구임을 자처하는 이들도 있었다. 이들의 언행은 '민국 100년'을 맞아 친일반민족행위를 넘어 일본 극우와 한 몸임을 자처하는 것과 다를 바 없다.

이 책은 3·1혁명 100주년을 앞둔 2018년부터 3·1혁명에 참여한 당진 사람들의 이야기를 연재하면서 시작되었다. 처음 의도는 3·1혁명 100주년을 맞아 3·1혁명의 의미와 가치를 많은 사람들에게 널리 알릴 방법으로 내가 할 수 있는 일이 무엇일까를 고민하다 선택한 일이었다. 3·1혁명은 촛불시민혁명이 그렇듯이 전국에서 벌어진 대사건이었다. 내가 살고 있는 충남 당진시에서도 많은 사람들이 3·1혁명에 참여하여 독립만세를 외치고 싸웠다. 그렇다면 3·1혁명에 참여한 당진 사람들의 이야기를 통해 3·1혁명의 의미와 가치를 찾아낼 수 있다면, 그리고 그 정신을 많은 사람들에게 전달하여 공감할 수 있게 한다면 3·1혁명 100주년의 의미를 되새기는데 더욱 뜻 깊은 일이 될 수 있겠다고 생각했다.

때 마침 지역신문인 『당진신문』에서도 3·1혁명 99주년을 앞두고 3·1혁명 당시 당진지역에서 벌어졌던 일을 정리하여 기고해 달라는 부탁을 했다. 그래서 내년에 있을 3·1혁명 100주년에 맞추어 3·1혁명 당시 당진에서 일어난 사건과 인물들의 이야기를 매주 연재해 보자고 제안하게 되었다. 그리고 감사하게도 『당진신문』이 매주 지면을 할애해 주어 그렇게 1년 4개월간의 글쓰기가 시작되었다.

처음 글쓰기는 가벼운 마음으로 시작했다. 그런데 어느 시점에서부터 글쓰는 일이 부담감으로 다가왔다. 왜냐하면 아무리 3·1혁명의 의미와 가치를 널리 알리겠다고 시작한 일이었지만 조그만 도시에서 발행하는 지역신문에 쓰는 글을 누가 읽어볼까 싶었다. 그런데 예상외로 많은 분들이 글을 읽고 있다는 사실을 알게 되었다. 가끔씩 지인들을 만나면 좋을 글 잘 보고 있다는 칭찬의 말을 듣게 되는 일이 잦아졌다. 그 말을 여러 번 듣다 보니 좋은 글을 쓰지 않으면 안되는 상황이 된 것이다. 말 그대로 덕담에 불과한 인사치레의 말이라는 것을 알면서도 누군가 글을 읽고 평을 한다는 생각을 하니 글쓰기가 조심스러워졌고 부담이 되지 않을 수 없었다. 그래서 나름 열심히 자료를 뒤지게 되었고, 현장을 찾아 확인하게 되었다.

그 과정에서 많은 분들을 만나 증언을 들을 수 있었다. 하지만 100년 전 이야기를 알고 있는 사람은 그렇게 많지 않았고, 설령 있다고 해도 고령의 증언자들은 전해 들은 단편적인 사실만 되풀이 할뿐 구체적인 이야기는 없었다. 특히 사회주의 독립운동가들의 경우는 한국전쟁을 거치면서 생긴 상처였는지 금기사항과 같아서 누구도 입을 열지 않으려 했다. 그럴 때마다 기록이 없고 자료가 부족함을 통감했다. 그러면서 뜻밖으로 독립운동가의 후손들을 만나는 성과도 있었다. 면천면 출신의 고희준 선생 후손, 합덕 박창신 선생의 후손, 순성면 강선필 선생의 후손 등이었다. 후손들을 통해 숨겨졌던 일화들을 들을 수 있었고, 작업에 많은 도움이 되었다. 이 자리를 빌어 감사의 말씀을 전한다.

최근 다행스런 현상은 지역사 혹은 지방사 연구가 자리를 잡아가고 있다는 점이다. 지역사에 대한 관심이 연구로 이어지고 있다. 이 글 또한 지역사, 지방사 연구 차원에서 쓰여진 글이다. 그렇지만 이 글을 출판하면서 많은 고민을 했다. 주제가 3·1혁명이라 해도 지역사에 관한 것이고, 당진지역에 국한된 내용이라 당진지역과 특별한 관계가 있거나 관심이 없다면 접근하기 어려울 수 있기 때문으로, 확장성의 문제를 걱정하지 않을 수 없었다. 그렇다 보니 부족한 부분은 누구나 읽으면 3·1혁명을 바로 이해할 수 있도록 글의 구성을 4개의 묶음으로 나누었고, 1부에서는 3·1혁명의 전체적 배경과 전국적인 상황을 이해할 수 있도록 내용을 대폭 보충하였다. 2-4부는 원래 연재했던 원고를 새롭게 분류하고 부족한 점을 추가로 보충하고 수정하였다.

이 글이 책으로 출판되기까지 연재할 수 있도록 지면을 할애해 주신 당진신문사에 감사의 말씀을 전한다. 그리고 부족한 글을 선뜻 책으로 엮어 출판해 주신 진인진 출판사 김태진 사장님과 편집진 여러분께 진심으로 감사를 드린다.

2019년이 저물어 간다. 다행하게도 3·1혁명 100주년을 기념하는 해에 책이 출간될 수 있어서 기쁘기 이를데 없다.

2019년 11월 당진에서
김학로 씀

차례

1부

3·1 혁명의 전개

3·1 혁명 세계 약소민족의 독립의지를 일깨우다.

"기미년 삼월 일일 정오

터지자 밀물 같은 대한 독립 만세

태극기 곳곳마다 삼천만이 하나로

이 날은 우리 의의요 생명이요 교훈이다

한강 물 다시 흐르고 백두산 높았다

선열하 이 나라를 보소서

동포야 이 날을 길이 빛내자"

3·1혁명을 기념하는 3·1절 노래 가사이다. 3·1혁명이 얼마나 위대했는지는 이 노래 가사를 통해서도 충분히 알 수 있다. 그것은 바로 터지자 밀물 같았고, 우리 민족에게는 말랐던 강물처럼 한강물이 다시 흘렀으며, 백두산 더욱 드높이 솟았다. 3·1혁명으로 조선민중은 독립의지를 더욱 분명히 하게 되었으며, 비로소 임시정부를 수립할 수 있었다. 나가서 3·1혁명이 있었기에 조국 독립과 민족해방 투쟁의 필요성을 절감하는 계기가 되었고, 그 결과 해방된 광복과 정부를 수립할 수 있었다. 그러기에 대한민국 헌법 전문에는 "우리 대한국민은 3·1운동으로 건립된 임시정부의 법통"을 계승하고 있음을 분명히 하고 있는 것이다.

3·1혁명은 일제강점기였던 1919년 조선민중

이 일제로부터 독립하기 위해 일으킨 역사적 대사건
이다. 동학농민혁명이 실패한 1895년 이후의 조선
은 사실상 일제의 식민지로 전락한 것과 다름없었다.
1905년에는 을사늑약으로 외교권을 빼앗겼고, 1910
년에는 경술년 국치로 그나마 명목만 남아있던 나라
목숨마저 송두리째 빼앗겼다. 이렇게 일제에 나라를
빼앗기는 동안 무능한 국왕과 관료들은 누구도 제대
로 된 저항을 하지 못했다. 오히려 나라를 파는데 앞
장서 자신의 안위를 지키기에 급급하였다. 그리고 나
라 빼앗긴 책임을 무지한 백성 탓으로 돌렸다. 조선
민중 역시 나라 잃은 설움에 냉소와 패배주의에 사로
잡혀 있었다. 하지만 그렇다고 조선민중이 모든 것을
포기했던 것은 아니었다. 동학농민혁명의 실패에도
굴하지 않고 의병을 조직하여 일제에 저항하였다. 일
제의 탄압에 맞서 싸우다 힘에 부쳐 만주로 연해주로
이주하면서까지 독립투쟁의 의지를 이어갔다. 이렇
게 1919년은 일제로부터 나라를 빼앗긴지 정확히 9
년째 되는 해였다. 3·1혁명이 위대했던 것은 허무하
게 나라를 빼앗기고 패배의식에 사로잡혀 있을 것만
같았던 조선민중이 좌절하지 않고 늘 깨어 있었다는
것이다. 그렇기 때문에 3·1혁명으로 조선민중은 스
스로에게 놀랐고 스스로 각성할 수 있었던 것이다.

　　3·1혁명은 단지 조선민중에게만 영향을 준 것
이 아니었다. 중국에서는 북경대 문과대학장이던 진

독수가 "3·1혁명은 세계 혁명 사상 신기원을 열었다"고 평하고, 중국인의 총궐기를 호소하였다. 3·1혁명이 중국 5.4운동에 크게 영향을 미친 것이다. 3·1혁명은 인도의 독립운동에도 많은 영향을 주었다. 인도에서 4월5일부터 시작된 간디의 "진리수호 운동"이 3·1혁명과 같은 방식의 비폭력 독립운동으로 진행된 것이다. 이밖에도 필리핀과 이집트 등 전 세계 약소민족의 민족해방투쟁에 영향을 미쳤을 뿐만 아니라 방향을 제시하였다. 그러니 3·1혁명의 빛나는 뜻은 그 크기를 가늠하기조차 힘들다. 이런 3·1혁명에 대해 인도의 시성 타고르는 조선을 가리켜 '동방의 등불'이라고 칭했으며, 인도의 초대 수상을 역임한 네루는 『세계사 편력』에서 3·1혁명의 위대함을 언급하였다.

이 위대한 3·1혁명이 내년이면 100주년을 맞는다. 한국사회에서 100주년이란 매우 깊은 의미가 있다. 켜켜이 쌓인 한해가 100번 쌓여야 비로소 100주년이 되기 때문이다. 특히 3·1혁명과 같이 역사적 의미가 부여되는 경우는 더욱 특별해 진다. 3·1혁명 100주년을 준비하는 지금 3·1혁명 100주년을 어떻게 맞을 것인가의 문제는 3·1혁명을 어떻게 기억할 것인가와 같은 의미이다. 매년 맞는 의례적인 의미가 아니라 3·1정신과 역사적 의미와 가치를 어떻게 기억하고 공유할 것인가가 더욱 중요하다는 의미이다.

그러니 앞으로 남은 1년은 3·1혁명에 깃든 정신과 가치를 정확히 알고 이해하는 것으로부터 출발할 필요가 있다.

왜 기미독립선언서는 1919년 3월1일에 발표하였는가?

기미년(1919년) 3월1일 오후 2시 경성시내 종로거리 탑골공원에는 수천 명의 인파가 모여 들었다. 이들은 탑골공원 한복판에서 벌어지고 있는 상황을 주시하고 있었다. 이때 탑골공원 중앙의 육각당 위로 한 중절모를 쓴 중년의 사내가 등장하여 무엇인가를 큰 소리로 낭독하기 시작하였다. 자세히 들어보니 일제에 빼앗긴 나라 조선이 독립국이라는 사실과 모든 조선인은 자주민이라는 기미독립선언서를 낭독한 것이다. 무슨 일인지 모르고 탑골공원을 가득 메운 군중들은 여기저기서 수군거리다가 한 순간 모두 숨소리조차 내지 못했다. 잠시 후 선언서 낭독이 끝나자 군중들은 누가 시키지도 않았는데 큰 박수를 치고 일제히 조선독립만세를 부르기 시작하였다. 이렇게 시작된 조선독립만세는 탑골공원을 나와 종로를 거쳐 남대문 의주통 영성문 앞을 지나 대한문 앞에 이르는 동안 계속되었다. 이어서 군중들은 대오를 이룬 채 서대문밖의 프랑서 영사관 앞을 지나 본정통 광화문

에 이르렀다.[1]

　이렇게 시작된 3·1 만세운동은 급속하게 전국으로 퍼져나갔다. 당장 평양과 의주, 원산에서는 3월 1일 당일 서울과 동시에 만세운동이 일어났고, 전국 삼천리 방방골골에서 조선독립만세를 부르게 되었으며, 당진에서도 3월10일부터 만세운동이 시작되었다. 3·1혁명은 1919년 3월1일 시작되어 5월 중순까지 두 달 이상 전국 경향 각지에서 전개되었다. 3·1혁명 참여자를 보면 신분귀천이나 남녀노소의 차이를 구별하지 않았다. 많은 사람들이 모여 기회를 엿 보다가 낮과 밤을 가리지 않고 만세를 불렀다. 당시 일제의 발표에 의하면 1919년 3월1일부터 4월30일까지 누계 760회에 걸친 463,086명의 민중이 조선독립을 요구하는 만세운동이 벌였다고 기록하였다.[2] 조선독립을 요구하는 3·1혁명이 얼마나 처절하고 치열했는지 위기의식을 느낀 일제는 평화적 만세운동에 악랄한 탄압으로 대응하였다. 일제의 탄압이 얼마나 가혹했던지 단지 조선독립만세를 불렀다는 이유로 헤아릴 수 없이 많은 사람들이 얻어터지고 감옥에

1　『韓民族獨立運動史資料集』16권 3·1독립시위 관련자 예심조서, 박쾌인 신문조서

2　『韓民族獨立運動史資料集』12권 3·1독립선언 관련자 신문조서 부록

갇혔다. 뿐만 아니라 만세운동에 참가한 수많은 사람들이 죽거나 다쳤다.

조선이 일제에게 나라를 빼앗긴 이래 해방될 때까지 나라의 주권을 되찾기 위한 독립투쟁은 일상적으로 일어났다. 하지만 독립국가임을 선언문을 통해 발표하고 만세운동을 벌인 것은 1919년 3월1일뿐이다. 그렇다면 왜 1919년에 독립선언이 발표되었을까? 하는 의문을 갖게 된다. 조선독립선언이 다른 때도 아닌 1919년 3월1일에 일어났다면 반드시 이유가 있었을 것이다. 또한 3·1혁명 100주년을 맞이한 시점에서 3·1혁명의 참 뜻을 제대로 이해하고 기념하기 위해서는 반드시 그 이유를 알아야만 할 필요가 있다.

1919년 3월1일 독립선언 발표 원인을 정확히 파악하기 위해서는 1919년 전후의 국제관계를 이해할 필요가 있다. 세계는 바야흐로 전쟁의 기운이 감돌아 유럽 제국을 중심으로 제1차 세계대전이 터진 것이 1914년 7월이었다. 개별 국가 간의 전쟁이 아닌 유럽의 여러 나라가 참전한 제1차 세계대전은 5년을 끌어 오다 1918년 11월11일 종전을 고하게 된다. 제1차 세계대전이 끝나자 전쟁에서 승리한 참전 연합국들은 전후문제를 처리하기 위한 목적으로 1919년 1월부터 강화회의를 프랑스 파리에서 개최하였다. 전후처리 문제를 다룰 파리강화회의는 자연스럽게 세계인의 주목을 받게 되었다. 하지만 당시 국제관계를 보았을 때 파리강화회의는 식민지 조선과는 직접적인 관계가 없었다. 더욱이 일본은 제1차 세계대전에서 승전한 연합국의 일원이기도 했다. 그러나 파리강화회의를 주도했던 미국 대통령 윌슨이 국제문제를 풀어갈 방향으로 제시한 14개조항 중 제5조의 식민지에 대한 민족자결주의 원칙은 세계 약소민족에게는 독립할 수 있는 기회가 왔다는 희망을 주기에 충분하였다. 바로 이런 점이 조선의 독립운동가들에게 파리강화회의를 조선독립을 실현할 장으로 큰 기대를 걸게 하였고, 이때를 독립을 위한 절호의 기회로 활용하도록 하였다.

파리강화회의를 독립을 위한 장으로 활용하라!!!

이런 국제적 상황과 흐름에 가장 적극적으로 대처했던 인물은 상해에서 활동하던 독립운동가 여운형이었다. 3·1혁명은 여운형의 뛰어난 국제적 감각과 탁월한 정치력이 만들어낸 작품이라고 해도 지나친 말이 아니다. 1886년 경기도 양평에서 태어난 여운형은 1947년 백색테러로 죽음을 맞기까지 자주독립국가 건설을 위해 일생을 살았던 인물이다. 기울어져가는 조선말 여운형은 일찍이 신학문을 배웠고 독립운동에 뜻을 두고 1914년 중국으로 망명한 바 있다. 이후 여운형은 남경 금릉대학에서 영문학을 공부하고 활동하다가 1917년 상해로 활동부대를 옮겼다. 그리고 1918년에는 상해에 있던 독립운동가들과 신한청년당을 창당하고 국제정세에 조응하는 독립운동을 고민하고 있었다. 이때 마침 제1차세계대전이 끝나 파리에서 강화회의가 열리게 되었는데, 파리강화회의를 자국의 영향력을 최대한 높이기 위한 장으로 활용하려던 미국 대통령 우드로 윌슨(Woodrow Wilson)을 주목하게 되었다. 미국 윌슨대통령은 파리강화회의에 앞서 강화조건으로 14개조항을 제시하고, 직접 연합국을 순회하면서 강화조건을 설명하거나 자신이 방문하지 못하는 국가에는 특사를 보내 강화조건을 설명하였다. 이 과정에서 윌슨대통령은 중국에도 특사를 파견하게 되었는데, 1918년 12월15일경 중국에 도착한 특사 찰스 클레인(Charles R.Crene)을 여운형이 만나게 된 것이다.

클레인은 주중대사 예정자로 윌슨대통령의 오랜 친구였다. 클레인이 중국을 방문하자 파리강화회의 참가국인 중국은 상해에서 대대적인 환영회를 열었다. 클레인은 환영회에서 "개막이 임박한 파리강화회의는 특히 약소민족의 해방을 위하여 절호의 기회가 될 것이니, 대표를 파견하여 주장함이 좋을 것이다."고 연설하였다. 클레인 환영회에 참석한 여운형은 그의 연설을 듣고 크게 고무되었다. 환영회가 끝난 후 여운형은 미국인 장로교 선교사 조지 필드 피치(George F.Fitch)와 중국 파리강화회의 대표인 외무부장 왕정정(王正廷)의 소개로 클레인을 만났다. 클레인을 만난 여운형은 "우리 조선도 대표를 파리에 파견하여 우리 민족의 실정을 호소할 수 있는가?"라고 물었다. 여운형의 질문을 받은 클레인은 기대 이상의 답변을 하였다. 클레인의 답변은 "할 수 있다. 있을 뿐만 아니라 그에 상응하는 성원을 보내겠다"고 약속한 것이다(당시 조선의 독립운동가들은 미국이 1905년에 일본과 '데프트-가쓰라' 비밀 조약을 맺어 일본에게 조선을 강점하도록 협조했던 사실을 모르고 있었다.).[3]

클레인의 답변을 들은 여운형은 신한청년당을 비롯한 상해에 있던 여러 인사들을 만나 대책을 협의하였다. 여기서 나온 대책은 크게 세 가지였다. 첫째는 파리강화회의에 독립청원서를 제출하는 것이었다. '한일병합이 강도적(强盜的)이었다는 사실과 일본이 조선인의 정치·경제·교육·종교를 압박하고 착취하여 못살게 굴므로 불가불 독립하여야 하겠다'는 요지의 내용이 담긴 독립청원서를 영문으로 작성하여 한통은 클레인을 통해 미국대통령 윌슨에게 보내

---

3 李萬珪, 『呂運亨先生鬪爭史』, 民主文化史, 1946, 21-22쪽.

고, 다른 한통은 중국대표 고문이자 잡지 『밀러드 리뷰(Millard's Review)』의 사장인 미국인 토마스 밀러드(Thomas Franklin Millard)에게 맡겼다.[4]

둘째는 파리강화회의에 대표를 파견하는 것이었다. 파리강화회의에 갈 대표로는 1918년 11월 결성된 신한청년당에서 영어에 능통한 김규식을 대표로 선정하였다. 1881년 부산 동래 출신의 김규식은 어린나이에 부모를 여의고 미국인 선교사 언더우드(Horace G. Underwood)가 설립한 고아학교에 맡겨졌다가 언더우드의 양자로 입양되어 미국 유학을 다녀온 바 있고, 1913년 중국으로 망명하여 텐진에서 활동하고 있었다. 텐진에서 상해로 와 여운형을 만난 김규식은 파리강화회의 대표를 수락하면서 조선 안에서의 가시적인 독립운동이 일어나야 파리강화회의에서 성과를 얻을 수 있다고 강조했다. 김규식은 1919년 2월1일 중국대표단에 끼어 상해에서 프랑스 우편선 포르토스(Porthos)를 타고 파리로 향했다. 파리에 도착한 김규식은 누구도 인정해 주지 않았지만 조선의 독립을 위해 고군분투하였다.

셋째로는 신한청년당의 주요 인사를 중심으로 한 독립운동가들을 국내외 각지로 보내 파리강화회

---

4   이정식, 『여운형』, 서울대학교출판부, 2006, 155쪽.

의 소식을 전하고 대표를 파견하도록 종용하기로 한
것이다. 그 결과 선우혁·김철·서병호, 김순애, 백남
규 등을 국내에 보냈고, 일본에는 장덕수를 보내 유
학생들을 접촉하였으며, 만주와 연해주에는 여운형
을 파견하게 되었다.[5] 이렇게 파견된 인사들은 서로
긴밀하게 연락을 취하면서 세계정세 변화에 따른 대
책을 협의하였다. 이로써 국내외의 독립운동전선에
서는 파리강화회의에 파견할 대표를 어떻게 선정할
것인가가 주요한 문제로 대두되었다. 그 결과 미주지
역에서는 대한인국민회 중앙총회에서 이승만·민찬
호·정한경을 파리로 갈 대표로 선정하였고, 연해주
에서는 전로한족회중앙총회에서 윤해와 고창일을 대
표로 선정하였다. 또한 국내에서도 한성정부 수립을
추진하면서 민찬호·안창호·박용만 등을 파리강화
회의로 보낼 출석의원으로 선출하였다.

이렇듯 조선의 독립운동가들은 파리강화회의를
독립을 위한 장으로 활용하고자 계획하고, 파리강화
회의에 대표를 파견함으로써 조선인들은 일제의 식
민통치를 반대하고 있을 뿐만 아니라 자주독립을 원
한다는 뜻을 국제사회에 널리 알리고자 했던 것이다.

5　김희곤, 「신한청년당의 독립운동과 임시정부 수립」,
　　『중국관내 한국독립운동단체연구』, 지식산업사, 1995,
　　94-99쪽.

조선 청년의 기개를 떨친 일본 유학생의 2·8독립선언!!!

파리강화회의를 독립의 장으로 활용하고자 했던 조선의 독립운동가들은 단지 파리강화회의에 대표를 파견하고, 독립을 청원하는 서한을 보내 독립을 호소하는 것으로 조선이 독립될 수 있다고 믿지 않았다. 조선이 강도 일제로부터 독립하기 위해서는 독립청원을 넘어서는 좀 더 구체적이고 실천적인 노력이 필요하다는 것을 알았다. 구체적인 실천이란 바로 국내에서 독립운동을 벌이는 일이었다. 이러한 사실은 상해의 독립운동가 신규식이 국내에 있는 독립운동가에게 보낸 서신을 통해 확인할 수 있다.

> 弟는 이미 두 兄들에게 파리강화회의에 가서 호소할 것을 청했으니, 諸兄들은 모름지기 때를 맞추어 국내에서 우리 겨레의 전국적 민중운동을 일으켜 일본통치에 반대하고 독립을 요구한다는 굳은 결의를 표시하여 국제적으로 선전에 이바지하시오.[6]

1880년 충북 청주에서 태어난 신규식은 무관

6　김준엽 편, 『石麟 閔弼鎬傳』, 나남출판, 1995, 333-334쪽.

출신으로 군대가 해산된 이후 국내에서 다양한 활동을 하다 1911년 상해로 망명하여 중국 신해혁명에 참여했던 인물이다. 신규식이 국내에 있는 독립운동가에게 보낸 이 비밀 서한은 상해에서 활동하던 조선 독립운동가들의 공통된 의견으로 신규식이 방효성과 곽경을 국내에 보내 전달한 것이다. 이 서한을 통해 확인할 수 있는 사실은 조선의 독립운동가들이 파리강화회의를 조선 독립의 장으로 활용하기 위해 노력하였다는 점이고, 이를 극대화하기 위해 국내에서 일제 통치에 반대하고 독립을 요구한다는 뜻을 전국적 민중운동으로 일으킴으로써 국제적으로 선전하고자 했다는 사실이다. 이러한 노력의 결과가 바로 독립선언으로 나타났고, 3·1혁명으로 이어졌던 것이다.

그중 가장 먼저 반응하여 독립선언을 발표하고 행동한 것은 일본에 유학중이던 청년학생이었다. 재일 유학생들은 동경을 비롯한 일본 각지에 유학하는 동안 온갖 차별을 당하였다. 또한 이러한 차별의 경험은 식민지 청년들에게는 자연스럽게 민족의식을 갖추게 하는 계기가 되었고, 독립의 필요성을 절감해가는 과정이기도 했다. 이러한 가운데 일본에서 유학중이라는 사실이 국제정세의 흐름과 정보를 쉽게 접할 수 있는 조건이었기에 파리강화회의가 개최된다는 사실은 물론이고, 국내외에서 조선독립을 호소할 대표를 파견하려 한다는 소식도 알 수 있었다. 이때 상해에서 파견된 장덕수가 일본에 찾아왔다. 1894년 황해도 재령출신의 장덕수는 1916년 일본에 유학하여 와세다대학을 졸업한 바 있고, 상해에서 여운형과 신한청년당을 결성하여 활동하고 있었으므로 재일 유학생들에게 상해의 독립운동가들이 구상하고 있는 뜻을 전할 수 있는 위치였다. 그렇지 않아도 국제정세를 예의주시하며 조선독립을 위해 무슨 일을 할까 고민하고 있던 재일 유학생들에게는 기쁜 소식이 아닐 수 없었다. 재일 유학생들은 곧바로 회의를 열어 독립선언을 발표하기로 의견을 모았다. 이를 위한 준비작업으로 1919년 1월7일 최팔용, 김도연, 김상덕, 백관수, 최근우 등이 주축이 되어 조선청년독립단을 조직하는 한편, 이광수로 하여금 선언문을 작성하게 했다. 선언문이 완성되면서 유학생들은 활동방법을 고민한 끝에 두 방향으로 추진해 나가기로 했다. 하나는 조선청년독립단 명의의 독립선언서를 발표하는 것이었다. 이것이 바로 2월8일에 결행한 2·8독립선언이다. 다른 한편으로는 독립선언서를 파리강화회의를 비롯한 여러 나라에 전달하는 것이었다. 이를 위해 독립선언서 작성자인 이광수를 1919년 1월31일 상해로 보내 미국의 윌슨 대통령과 파리강화회의 의장인 클레망소(G.E.B. Clemenceau)에게 선언서를 전보로 발송하였다. 또한 일본에서는 일본주재 각국 대사관을 통해 여러 나라에 선언서를 전달하였을 뿐

만 아니라 일본정부의 각 대신 및 신문사 등에도 선
언서를 보냈다. 그리고 이 보다 앞선 1월 21일에는 송
계백을 국내로 보내 현상윤, 송진우를 만나 독립선언
서를 국내의 인사들에게도 전달하게 하였다. 이렇게
전달된 일본 유학생의 독립선언서는 최린을 통해 손
병희에게 전달되었다.

송계백이 전한 재일 유학생의 2·8독립선언서
는 조선독립을 위해 반드시 필요한 일이었기에 반가
운 소식이었지만 독립을 위한 험난한 길에 해외의 청
년학생들이 앞장서게 되었다는 점에서 국내의 독립
운동가들에게는 분발을 촉구하는 충격이었다. 이렇
게 상해와 일본에서의 소식은 국내의 독립운동가들
에게 커다란 자극이 되었던 것이다.

독립을 위한 전국적 민중운동을 준비하라!!

파리강화회의가 열리고 윌슨 대통령이 전후처리 조
건으로 14개조항을 발표하여 약소민족의 독립을 옹
호한다는 소식이 국내외 언론에 보도되자 국내 인사
들도 국제정세를 예의주시하게 되었다. 이후 파리강
화회의를 독립의 장으로 적극 활용하고자 하는 해외
독립운동가들이 국내 인사들과 접촉하면서 독립을
위해서는 국내에서의 역할이 무엇보다 중요하다는

점을 인식하게 되었다. 여기에 동경 유학생들의 2·8 독립선언 소식이 언론에 보도되어 알려지면서 국내 인사들을 크게 자극하였다. 이에 따라 국내에서의 독립선언과 독립운동의 준비는 여러 갈래에서 추진되었다. 천도교를 비롯하여 기독교, 불교, 청년학생 등이 나름대로 국제정세 변화에 주목하면서 독립선언과 독립청원 등을 독자적으로 추진하게 되었던 것이다.

그 중 가장 큰 움직임은 천도교의 3대 대도주였던 손병희에 의해서 준비되었다. 손병희는 1861년 충북 청주 출신으로 청주관아 아전의 서자로 태어났다. 서자 출신이라는 신분적 한계로 반항심 강한 청년이었던 손병희가 동학에 입도한 것은 22세이던 1882년으로 조카인 손천민의 권유에 의해서였다. 동학에 입도한 손병희는 이후 최시형을 만나 수제자가 되었고, 동학농민혁명 당시에는 통령으로 동학농민혁명을 주도했던 당사자였다. 최시형이 죽고 동학의 법통을 이어 3대 교주가 된 손병희는 동학을 천도교로 바꾸고 현대 종교화하는데 성공하였다. 따라서 천도교는 동학정신을 현대적으로 계승한 민족종교였던 것이다. 이러한 사정으로 천도교에서는 1916년부터 일본에 강점당한 나라를 되찾기 위한 독립운동을 실천하려는 내부의 움직임이 활발하였다. 1919년을 전후로 손병희는 언론을 통해 보도되는 파리강화회의 소식을 접하고 권동진, 오세창, 최린 등 천도교의 주요 인사를 불러 천도교 중심의 독립운동에 대해 준비를 해왔다. 구체적으로는 1919년 1월에 연성기도회를 열어 천도교 내부를 정비하는 등 독립운동을 위한 여러 방책을 계획하였고, 1월 하순 경에는 독립운동의 3대 원칙으로 첫째, 대중화할 것 둘째, 일원화 할 것 셋째, 비폭력으로 할 것을 결정하였다.

천도교의 움직임과는 별도로 기독교 쪽의 움직임도 활발히 진행되고 있었다. 기독교 쪽의 움직임은 상해에서 파견된 선우혁, 김철, 서병호 등의 역할과 관련이 있다. 상해에서 파견된 선우혁이 1919년 2월 6일 자신의 고향인 평안도 정주 출신의 기독교 인사들을 만나면서 기독교계의 독립운동이 현실화 된 것이다. 선우혁은 기독교계 인사들에게 국제정세의 변화와 그에 따른 국내 독립운동 추진의 필요성을 설득하였다. 선우혁의 활약으로 서북지방 기독교계는 적극적으로 움직였다. 기독교계의 중심은 정주 출신의 이승훈과 경성의 박희도였다.

이승훈은 1864년 평안북도 정주에서 태어났다. 어려서 한문을 수학하였지만 부모를 여의었고 집안은 가난했던지라 16세에 놋그릇가게 임권일 상점에서 사환이 되어 생활해야 했다. 이후 놋그릇 행상과 공장 경영으로 많은 재산을 모아 민족기업가로 면모를 보였지만 청일전쟁과 러일전쟁이 발발하면서 공장은 파산하고 말았다. 이승훈이 민족의식에 눈을 뜨게 된 것은 1907년 평양에서 안창호의 연설을 듣게 되면서부터였다. 안창호의 연설에 크게 감명받은 이승훈은 오산학교를 세우고 교장이 되어 교육운동에 투신하였다.[7] 이후 이승훈은 기독교를 수용하여 장로가 되었고, 1911년에는 안악사건으로도 불리는 서북지방의 105인 사건으로 징역 10년형을 선고받았다. 이렇듯 이승훈은 잘 알려진 교육자이자 독립운동가였다.

이승훈은 1919년 장로교 계통의 길선주, 유여대, 양전백, 김병조 목사 등과 함께 파리강화회의에 독립을 청원하기로 하고, 서북지방을 순회하며 장로교계는 물론 감리교계의 신홍식 목사의 참여를 이끌어 냈다. 독립운동에 상대적으로 소극적이던 감리교계도 이승훈의 헌신과 서북지방의 분위기 상 독립운동을 외면할 수는 없었던 것이다.

박희도는 1889년 황해도 해주에서 태어났다. 어려서 한문을 수학하였고, 평양 숭실학교를 졸업하고 연희전문학교에서 수학하였다. 15세 무렵에 기독교를 믿게 되었는데 1916년 조선중앙기독교청년회의 회원 확대 운동에 가담하여 크게 활약하였다. 이것이 인연이 되어 3·1혁명 당시에는 경성에서 감리

---

7 『한국민족문화대백과사전』.

교계와 학생들을 조직하는 등 기독교계의 독자적인 독립운동을 추진하는데 크게 기여하였다.

한편, 경성시내 청년학생들의 움직임도 활발하였다. 동경유학생들이 2·8독립선언을 발표하였다는 소식이 학생들에게 전해지면서 학생들은 크게 고무되었다. 이때 기독교 감리교의 박희도가 주도하는 기독교 신자 중심의 학생들 모임이 경성시내 여러 학교와 연결되면서 독립선언을 위한 구체적 움직임으로 발전하였다. 박희도는 보성전문학교 졸업생 주익과 재학생 강기덕, 연희전문학교의 김원벽과 윤화정, 경성전수학교의 윤자영, 세브란스의전의 이용설, 경성공전의 주종의, 경성의전의 한위건, 김형기 등 학생 대표를 관수동 대관원에서 만나 독립선언을 추진하자고 제안하여 전폭적인 지지를 이끌어냈다.[8] 이에 따라 청년학생들은 각자의 학교와 고등보통학교를 연결하여 독자적인 독립선언을 준비해 나갔다.

이밖에도 독립선언과 청원운동은 불교계와 유림 사이에서도 준비되었다. 이렇게 다양하게 준비되고 진행되던 독립선언은 천도교 쪽에서 실무적 준비를 책임지던 최린과 최남선이 기독교계의 이승훈을 만나면서 하나로 모아지기 시작하였다. 물론 천도교

---

8 『韓民族獨立運動史資料集』11권, 3·1독립선언 관련자 신문조서 김원벽 신문조서(제1회).

측이 준비하던 독립선언과 기독교측이 준비하던 독립청원은 종교적 차이만큼이나 성격상 차이가 있었다. 하지만 종교적 차이를 극복하고 독립청원이 아닌 독립선언을 하는 것이 국정정세의 변화에 능동적으로 대처하는 것이고, 실질적인 독립에 이르는 길이라는 점이 합의되면서 독립선언과 전국적 민중운동을 위한 준비는 급속히 진전될 수 있었다.

독립을 위한 길에 종교적 차이는 문제가 아니었다!!

천도교와 기독교가 별도로 준비하던 독립운동은 이승훈이 중앙학교 교장이던 송진우를 찾으면서 통합의 계기가 만들어졌다. 당시 중앙학교는 이른바 '불령선인'의 집결지였다. 기호흥학회의 우국지사들이 설립한 중앙학교는 '배일사상'을 가진 사람들만이 들락날락했다는 소문이 있을 만큼 후일 수많은 독립운동가를 배출한 명문학교이기도 하다. 이런 중앙학교에 1919년 2월 초 이승훈이 기독교계가 준비하던 독립운동 계획을 상의하기 위해 송진우를 찾았던 것이다. 기독교의 독립운동 계획은 송진우를 통해 최남선과 최린에게 전해졌고, 이를 계기로 이승훈이 손병희와 연결되었다.

손병희와 이승훈의 만남은 기독교 측이 추진하

는 독립운동과 천도교에서 추진하는 독립선언이 크게 다르지 않다는 것을 확인하는 과정이었다. 손병희는 독립을 위해서는 기독교와 함께 독립운동을 해야 한다고 판단하였다. 종교적 차이를 넘어 하나로 합쳐야 성공할 수 있다면서 천도교와 기독교가 함께 독립운동을 해 나가자고 이승훈을 설득하였다. 이 과정에서 독립청원을 목표로 하던 기독교의 오기선이 독립선언에는 참여할 수 없다며 이탈하는 일도 있었다. 하지만 독립청원을 목표로 추진하던 다수의 기독교계가 천도교에서 추진하던 독립선언에 함께하기로 결정하였다. 기독교계가 천도교와 함께 하기로 했던 결정적인 계기는 천도교에서 기독교계가 자금 부족으로 독립운동 준비를 제대로 하지 못한다는 사실을 알고 이를 해결해 준 탓이 컸다. 이승훈이 이런 어려움을 토로하자 손병희는 당시로서는 어마어마한 거금인 5천원을 선 듯 빌려주었다. 물론 아무런 조건도 없이 빌려주었다. 이렇게 해서 천도교와 기독교가 각자 진행하던 독립운동을 합동으로 추진하게 되었다. 뿐만 아니라 나가서는 천도교와 기독교 외에도 불교가 참여하는 전국적 민중운동을 펼쳐나가기로 합의하였다.

불교의 참여는 만해 한용운이 평소 친분이 있던 최린을 통해서 연결되었다. 1879년 홍성 결성에서 태어난 한용운은 1896년 출가하였다가 1905년 백담사에서 재 출가하여 득도한 인물이다. 1910년 불교의 개혁을 주장하는 『조선불교유신론』을 저술하였고, 일제가 주장하는 '한일불교동맹'을 반대하여 철폐시켰던 당시 강원도 신흥사의 주지였다. 또한 한용운은 파리강화회의에서 약소민족의 독립을 논의한다는 소식을 접하기 전부터 일찍이 독립운동의 필요성을 느끼고 있었다. 그렇기 때문에 한용운은 최린을 통해 천도교가 기독교와 함께 독립선언을 준비한다는 소식을 듣고 그 자리에서 불교도 함께 하겠다고 의사를 밝힐 수 있었던 것이다. 이렇게 해서 천도교, 기독교, 불교 등 세 종교의 독립선언 동맹이 구축되었다.

민족대표의 선정과 서명

독립선언 준비에 불교가 가세하면서 상황은 빠르게 진척되었다. 하지만 독립선언서에 서명할 민족대표 선정과정은 결코 간단하지 않았다. 독립선언의 의미를 최대한 높이기 위해서는 각계각층을 대표하는 인사를 선정해야만 했다. 그렇기 때문에 유림을 포함한 구한국 대신들까지 민족대표로 모시고자 하였다. 구한국 대신이던 박영효, 한규설, 윤용구, 김윤식, 윤치호 등을 만나 독립운동에 나서 줄 것을 요청하였다.

그러나 이들 중 누구도 독립운동에 찬성하지 않았다. 변명으로 일관하며 교묘하게 거절할 뿐이었다. 이들의 거절 이유를 살펴보면 그야말로 가관이었고, 이들이 위정자로 있던 조선이 왜 망했는지를 알 수 있게 해준다.

당시 59세이던 박영효는 조선말 개화파를 대표하는 인물로 일찍이 약관 24세이던 1884년에 김옥균 등과 함께 갑신정변에 참여했던 인물이다. 이런 박영효가 독립선언 참여를 권하는 송진우에게 "조선에는 인물도 없고 백성들의 지혜도 진보하지 못하므로 그런 일은 성취되지 못할 것이라서 참가하지 않겠다"는 말로 참여를 거부했다. 또한 "장래는 세상이 변해 가므로 동경정부에게 조선의 문제를 물어 보아 자치로 하거나, 또는 달리 좋은 방법을 강구하도록 하고 싶다"[9]고 말했다. 이는 강도 일본에게 빼앗긴 나라를 되찾기 위한 독립운동에는 어떠한 관심도 의지도 없다는 표현이었다. 이런 박영효가 오직 관심을 가졌던 일은 방직회사 설립 과정에 참여하여 돈 벌 궁리뿐이었다.[10] 우리 역사에서 개화파라는 이름이 얼마나 민

---

9 『韓民族獨立運動史資料集』11권, 3·1독립선언 관련자 신문조서, 박영효 신문조서.

10 『韓民族獨立運動史資料集』11권, 3·1독립선언 관련자 신문조서, 박영효 신문조서.

족적 실체가 없는 허상인지, 이들에 대한 역사적 평가는 얼마나 기막히게 미화된 것인지 실감하는 순간이다.

그나마 종2품 의정부참찬을 지냈던 이상재는 조선의 고급관료 중 유일하게 독립청원에 찬성한 인물이다. 하지만 이상재는 이승훈의 오랜 설득 끝에 통역인 안세환과 더불어 도쿄로 가서 독립의 뜻을 담은 독립선언서를 일본정부와 의회, 신문사 등에 전하기로 하였지만 독립청원이 아니라 독립선언이라는 사실을 알고 독립선언에는 찬성할 수 없다는 이유로 일본행을 포기하였다. 이상재의 황당한 역할 포기로 임규가 안세환과 함께 그 역할을 대신하였다. 뿐만 아니라 이상재는 일제 신문조서에서 조선독립에 대한 자신의 견해를 다음과 같이 밝혔다. "모든 것은 주님의 뜻이므로 자신은 종교 활동에만 전념하겠노라"고.[11] 이러한 진술이 아무리 처벌을 피하기 위해서 마음에 없는 진술이었다고 변명할 수 있을지 모르겠지만, 70세의 전직 고위관료가 두려울 것이 무엇이라고 독립에 대한 확신은 고사하고 비굴하기 짝이 없는 변명과 책임회피로 일관하였는지 묻고 싶을 정도이다.

---

11 『韓民族獨立運動史資料集』11권, 3·1독립선언 관련자 신문조서, 이상재 신문조서.

이렇듯 구한국 고관대작들의 한심한 태도로 인해 온갖 어려운 난관이 이어졌지만 모두 극복하고 종교계를 중심으로 '독립선언서'에 서명할 민족대표를 선정하기로 하였다. 천도교 대표들은 2월25일부터 천도교 도사들 중에 손병희가 의사를 묻고 찬성하는 인사들을 권동진과 오세창이 만나 확정하는 과정을 거쳤다. 권동진과 오세창은 이들에게 단순하게 독립에 찬성하는 것은 물론 독립선언서를 발표하고 나면 일제 관헌이 체포할 것이 틀림없으니 잡힐 각오를 하고 있지 않으면 안 된다고 말했다. 누구도 이 말을 듣고 꺼려하거나 마다하지 않았다. 이렇게 해서 천도교 수뇌부는 간부들이 모두 모인 자리에서 기독교계와 연합이 성사되어 본격적인 거사가 준비되고 있다는 상황을 알리고 15명이 대표로 서명하였다. 하지만 천도교 대도주인 박인호는 교단 운영과 이후 상황을 대비하기 위해서 서명자에 포함하지 않기로 하였다. 반면 애초 고령이어서 대표 명단에서 빠지기로 했던 이종일은 독립선언서 인쇄를 맡은 자신이 빠져서야 되겠느냐고 간곡히 요청해서 포함되었다.[12]

기독교 인사들의 선정은 복잡한 과정을 거쳤다. 박희도, 함태영, 이갑성이 독립선언에 서명할 인사들

---

[12] 최효식, 「의암 손병희와 3·1독립운동」, 『동학연구』 14, 15호 2003, 18쪽.

을 접촉하였다. 그리고 2월 26일 한강 인도교 건너 노량진 근처 절이 있는 곳에서 이승훈, 박희도, 안세환, 이갑성 등 기독교 감리교 및 장로교 인사들이 회합하였다. 이 자리에서 이승훈은 지금까지 진행되었던 상황을 설명하고 3월1일 독립선언서를 발표할 것임과 15명의 기독교 대표를 선정하기로 했다는 사실을 알렸다. 15명의 민족대표 중에는 일본 정부에 독립선언서를 전달하기로 한 안세환과 후사를 도모하기로 한 함태영은 서명하지 않는 것으로 최종 확정하였다. 그런데 어쩌다 보니 예정보다 많은 16명이 되었고, 천도교에서 양해하였다.

불교에서는 많은 한계와 제약으로 최소한의 인원만이 선정되었다. 한용운이 불교계 인사들을 접촉하려 노력했지만 촉박한 시간에 전국에 흩어져 있는 승려들을 규합하기는 어려운 일이었다. 결국 한용운은 2월25일 경성에 있던 해인사 승려 백용성을 찾아 독립운동 상황을 설명하고 민족대표로 함께할 것을 물었다. 백용성은 흔쾌히 독립운동에 함께하겠다고 답했다. 이로써 독립선언서에 서명할 33인이 선정되었다.

이렇게 선정된 민족대표 33인은 천도교에서 손병희, 권동진, 오세창, 최린, 이종일, 박준승, 나인협, 임예환, 이종훈, 권병덕, 양한묵, 김완규, 홍기조, 홍병기, 나용환 등 15명이었고, 기독교에서는 예정보다

1명이 늘어난 16명으로 이승훈, 양전백, 이명룡, 유여대, 김병조, 길선주, 신홍식, 박희도, 오화영, 정춘수, 이갑성, 최성모, 김창준, 이필주, 박동완, 신석구 등이었으며, 불교에서는 한용운, 백용성 등 2명이었다. 민족대표로 선정된 33인은 여러 경로를 통해 독립선언서에 서명하였다.

독립선언서의 완성

3월1일에 독립선언서를 발표하기로 한 이후 모든 일은 3월1일에 맞춰 준비되었다. 집행 책임은 천도교의 최린이 맡아 지휘하였다. 1878년 함흥에서 태어난 최린은 1904년 최남선 등과 함께 대한제국 황실유학생으로 선발되어 일본에 유학하였는데 이때 망명 중이던 손병희를 만나 천도교에 입도하였다. 1911년에는 천도교에서 보성학교를 인수하게 되었는데 최린이 보성학교 교장이 되었다. 후일 대표적인 친일반민족 행위 인사가 되었지만 당시에는 손병희의 측근으로 활동하던 교육가이자 천도교 중앙총부의 종교인이었다.

　1890년 경성에서 태어난 최남선 역시 최린과 함께 1904년 관급 유학생으로 선발되어 일본에 유학하였다. 와세다대에서 역사 지리를 공부한 최남선은 귀국하여 역사연구와 문학활동에 탁월한 실력을 보였다. 이런 사정으로 최남선은 최린에게 스스로 일생을 학문연구에 전념해야 하기에 독립운동에는 나설 수 없지만 독립선언서만큼은 자신이 써보겠다고 나섰다. 가장 중요한 독립선언서를 최남선이 쓰게 된 배경이다. 최린은 손병희에게 이런 사실을 말하고 손병희는 권동진, 오세창과 논의하여 독립선언서에 담아야 할 문장의 취지와 내용을 정리하여 최린을 통해 최남선에게 전달하였다. 손병희가 독립선언서에 담고자 했던 것은 독립선언서에 조선독립의 정당한 뜻을 분명하고 정확히 밝히되 감정에 흐르지 않으면서 가급적 완곡하게 표현해 달라는 것이었다. 이러한 손병희의 생각은 한 순간의 구상일 수 없었다. 일찍이 동학천도교의 기본정신을 바탕으로 동학농민혁명의 뼈저린 실패를 통해 얻은 교훈을 반영한 것이었다.

최남선은 손병희가 생각하는 독립선언서의 내용과 방향을 전달 받고 독립선언서를 작성하였다. 그리고 저 유명한 독립선언서를 완성하였다. "선언서"라는 이름의 독립선언서는 건국된지 4252년된 조선이라는 나라는 영원히 독립국이라는 사실을 세계만방에 선포하고 있다. 그렇기 때문에 조선민족의 독립정신이 민족 고유의 양심에서 발동한 것이고, 조선의 독립운동은 일본에 대한 배타성에서 비롯된 것이 아니며, 동양 전체의 평화와 세계 역사의 추세에 불가피한 것이라는 점과 조선인의 독립운동은 한 때의 감정이 아닌 독립을 완수할 때까지 지속될 것임을 밝히고 있다. 그것은 자주와 평등이었고 민주였으며 정의 인도였고 독립이었다.

선언서가 완성된 것은 1919년 2월 20일을 전후한 시기로 보인다. 완성된 선언서는 최린을 통해 손병희에게 전달되었다. 최남선이 쓴 선언서는 독립의 정당성을 설득력있게 표현한 명문으로 손꼽히지만 내용과 표현이 외세의존적이고 무저항적이며 청원적인 관점에서 쓰여졌다는 비판을 받았다. 실제로 단재 신채호는 선언서를 보고 강도 일본에게 나라를 빼앗기고 독립을 해야 하는 상황에서 이런 나약한 주장의 선언서가 무슨 의미가 있겠느냐고 그 자리에서 찢어버렸다는 일화를 남겼다. 그리고 한용운은 선언서가 맘에 들지 않았던지 학문 연구를 핑계삼는 최남선의 흔쾌하지 않은 태도를 문제 삼아 선언서를 스스로 다시 쓸 것을 자청하였다. 한용운의 건의는 끝내 받아들여지지 않았지만 공약3장을 직접 작성하여 선언서의 부족함을 보완하는 것으로 하였다.

이렇게 완성된 독립선언서는 『천도교 월보』 편집장이던 이종일을 통해 2월27일 오후 천도교가 운영하던 보성사에서 인쇄되었다. 1858년 충남 태안에서 태어난 이종일은 1873년 과거에 급제해 관료가 되었고, 1882년 일본 수신사 박영효의 수행원으

로 일본을 다녀온 바 있다. 일본에서 근대화의 필요
성을 절감한 이종일은 1896년 독립협회와 만민공동
회 등의 다양한 활동을 하였고, 뛰어난 문장으로『독
립신문』과『황성신문』의 필진으로 활약하였다. 1906
년 손병희를 만나 천도교에 입도한 후『천도교 월보』
발행을 맡아 활동하고 있었다.

　　독립선언서의 인쇄는 천도교에서 인쇄소를 가
지고 있었기에 가능했던 일이었다. 하지만 종이가 귀
하고 집중적인 감시를 받고 있던 당시에 많은 수량의
종이를 사고 들키지 않게 인쇄를 마친다는 것은 쉽
지 않은 일이었다. 보성사 직원들이 비밀스럽게 인쇄
한다고 했지만 수상한 낌새를 알아챘는지 종로경찰
서 고등계의 조선인 형사 신철이 보성사에 들이 닥쳤
다. 신철은 선언서를 인쇄한다는 사실을 확인하고 조
용히 물러갔다. 이종일을 통해 사실을 보고받은 손병
희는 그날 밤 신철을 불러 5,000원의 뇌물을 주고 조
선인의 양심으로 눈감아 줄 것을 부탁했다. 절체절명
의 이 순간을 후일 이종일은 "대한인 형사는 의암과
상의해 겨우 매수할 수 있었다. 수천 원을 덥석 집어
주니 겸연쩍게 물러갔다"[13]고 했다. 신철은 비록 일
제 경찰이었지만 최소한 민족적 양심을 가진 인간이

13　이종일, 「옥파비망록」, 『옥파이종일선생 논설집』, 옥
　　파문화재단, 교학사, 1984, 500쪽.

었다. 이런 우여곡절 끝에 인쇄된 독립선언서는 총 2만여 장으로 천도교와 기독교, 불교 조직을 통해 전국에 배포되었다. 그리고 전국에서 동시 다발적으로 3월1일 오후 2시에 맞추어 발표하기로 하였다.

한편 이종일은 독립선언서를 발간하면서 일반 민중이 읽고 이해하기 쉬운 대중적 선전물이 꼭 필요하다고 느꼈다. 하지만 시간이 촉박하였다. 독립만세를 부르기로 한 3월1일 아침이었기에 쉽지 않은 일이었다. 그래서 당대 최고의 문필가이자 가장 믿을 만한 인물인 집안 동생 이종린에게 일을 맡겼다. 이종린은 이종일의 말을 듣고 "조선독립신문"이란 제호의 대중 선전물을 별도로 제작하기로 하였다. 이종린은 채 한 나절이 지나기 전에 아직 일어나지도 않은 독립만세운동 소식과 민족대표 33인이 종로경찰서에 연행되었다는 내용이 실린 "조선독립신문"을 발간하였다.

드디어 터진 3·1독립만세!!

민족대표 33인의 선정자가 결정된 이후 독립선언서는 3월1일에 발표하기로 결정하였다. 이 과정에서 독립선언서를 언제 발표할 것인가를 두고 적지 않은 고민이 있었다. 우선 많은 사람들이 고종의 국장을 보기 위해 경성에 상경할 것임을 고려하기로 하였다. 따라서 고종의 국장일인 3월3일을 발표일로 생각하고 있었다. 그러나 국장이 진행되는 3월3일에 독립선언서를 발표하면 불경스럽다고 비난 할 수 있다는 의견이 많아 다른 날을 선택해야 했다. 그런데 3월2일은 마침 일요일이었다. 일요일은 기독교인들이 예배당에 모이는 날로 독립선언에 함께하기로 한 기독교 측이 참여하기가 적당하지 않다는 의견을 제시하였다. 결국 이런 점을 고려하여 독립선언식을 3월1일 오후2시 탑골공원에서 거행하기로 결정하였다.

드디어 3월1일이 되었다. 그런데 갑자기 당일 상황에 변화가 생겼다. 민족대표 33인이 모여 3월1일 오후2시 탑골공원에서 독립선언서를 발표하기로 했던 계획을 변경하기로 한 것이다. 장소도 고급 음식점으로 유명했던 태화관(명월관지점)이었다. 이렇게 갑자기 발표 장소를 변경한 이유는 학생들이 많이 참여하게 되어 과격한 시위로 발전할 것을 우려했기 때문이다. 손병희는 일제의 신문조서에서 "학생들이 다수 있으면 소동을 일으켜, 도리어 유해할 것이니 다수의 앞에서 선언서를 발표하지 않더라도 배포하면 지장이 없으므로 명월관지점에서 발표하기로 하였다"고 밝혔다.[14] 처음부터 독립운동의 방향을 독립선

---

14   『韓民族獨立運動史資料集』13, 3·1독립선언 관련자

언서를 발표하고 일제에 독립을 요청하는 평화로운 청원운동으로 기획하고 있었다는 말이다. 또한 학생들이 대거 참여하게 된다면 대중화하고 일원화하며 비폭력으로 한다는 세 가지 원칙에서 비폭력의 원칙이 지켜지지 않을 가능성이 크다고 판단했던 것이다. 더 나가서 학생들이 독립선언에 고무되어 과격한 행동으로 이어진다면 오히려 일제의 탄압에 빌미를 주고 독립운동에 도움이 되지 않는 방향으로 사태가 흘러갈 것을 우려해서 장소를 변경했을 것으로 볼 수 있다.

이런 이유에서 독립선언서에 서명한 민족대표들은 지방에서 참석하지 못한 길선주, 김병조, 유여대, 정춘수를 제외한 29인이 태화관에 모여 독립선언서를 발표하였다. 민족대표들은 독립선언서를 낭독한 후 한용운이 대표로 독립운동을 역설하는 취지의 연설을 하였다.[15] 그리고 미리 계획했던 대로 종로경찰서에 전화를 걸어 스스로 연행 당하였다. 이렇게 스스로 신고하여 연행된 것은 독립선언 이후 일제가 반드시 체포할 것으로 보았기에 비굴하게 끌려가느니 당당하게 제발로 잡혀 감으로써 일제 경찰에 맞서는

신문조서, 손병희 신문조서.

15 『韓民族獨立運動史資料集』13, 3·1독립선언 관련자 신문조서 한용운 신문조서.

모습을 보여주자는 사전 약속이 있었기 때문이었다.

이런 갑작스런 상황 변화에 당황한 것은 학생 대표들이었다. 약속 장소인 탑골공원에서 민족대표를 기다리다 명월관지점으로 장소가 변경되었단 소식을 듣고 깜짝 놀라 달려갔다. 학생들은 민족대표들에게 탑골공원으로 가야한다고 위협적으로 요구하였다. 하지만 민족대표들은 독립선언은 학생들의 문제가 아니라며 끝내 응하지 않았다. 이로써 탑골공원에서의 독립선언은 민족대표가 없는 가운데 진행될 수밖에 없었다. 독립선언서 낭독은 민족대표를 대신해 경신학교 출신 정재용이 하였다. 독립선언서 낭독이 끝나자 탑골공원 여기저기서 만세 소리가 터져 나왔다. 탑골공원에서 독립선언식을 마친 학생과 군중들은 이제 조선이 독립되었다고 생각하였다. 가두시위행진이 이어지는 동안 조선독립만세를 힘차게 불렀다. 때마침 고종의 국장에 참여하기 위해 전국에서 올라온 민중들이 합류하면서 시위대는 수만 명으로 불어났고, 시위대는 경성 시내를 여러 갈래로 나누어 행진하였다. 이렇게 이어진 시위대의 만세행렬은 밤이 늦도록 계속되었다. 그리고 '공약삼장'에서 밝힌 바와 같이 만세운동은 평화적이고 비폭력적으로 이어졌다.

독립만세 들불처럼 타올라 전국을 뒤덮다!!

이렇게 1919년 3월1일 식민지 조선 경성 한복판에서 시작된 독립선언과 만세운동은 한 순간에 전국으로 퍼져나갔다. 당장 3월1일 경성에서 시작된 만세운동과 때를 같이하여 평양, 안주, 진남포, 의주, 선천, 원산 등 서북지방에서 만세운동이 일어났다.[16] 이렇듯 서북지방 곳곳에서 신속하게 만세운동이 일어날 수 있었던 것은 서북지역 기독교 장로회 활동과 관련이 깊다. 정주의 이승훈을 중심으로 한 서북지역 기독교 장로회는 3월1일 독립선언에 이승훈 등이 민족대표로 참여하였을 뿐만 아니라 경성에서 발행한 '독립선언서'와 '조선독립신문'을 서북지방 곳곳에 배포하였다. 독립선언서를 전달받은 서북지방의 독립운동가들도 탑골공원에서 독립선언을 발표하는 시각에 맞춰 독립만세운동을 벌이기로 하고, 서북지방 곳곳의 모든 역량을 모아 3월1일 오후2시에 독립만세운동을 일으키게 되었던 것이다.

경성과 서북지방에서 시작된 독립만세운동은 1919년 3월1일 이후 독립만세운동으로 발전하여 급속히 전국으로 퍼져 나갔다. 경성시내에서는 매일 독

---

16 『韓民族獨立運動史資料集』12권, 3·1 독립선언 관련자 신문조서 부록, 손병희외 46명.

립만세운동이 이어졌고, 3월5일에는 경성시내 고등
보통학교 이상의 학생들이 주도하는 대규모 학생주
도의 독립만세운동이 남대문역에서 시작되었다. 서
북지방의 독립만세운동도 하루도 거르지 않고 이어
져 날로 규모가 커져갔다. 이렇게 경성과 서북지방을
중심으로 이어지던 독립만세운동은 3월3일 이후에
점차 전국으로 퍼져나가기 시작하여 충남에서도 일
어나게 되었다. 충남에서의 독립만세운동은 예산과
대전에서 시작되었다. 특히 대전에서의 독립만세운
동은 대전 인동 장터에 땔나무를 제공하던 나무꾼들
에 의해서 주도되었는데[17] 이는 3·1혁명의 특성이
남녀노소의 차이뿐만 아니라 귀천의 차이를 넘어 함
께 싸웠다는 사실을 알 수 있게 하는 대목이다.

　　　이렇게 전국적으로 독립만세운동이 급속히 전
파될 수 있었던 요인은 천도교와 기독교의 조직망을
통해서였다고 볼 수 있다. 또 다른 요인으로는 고종
의 국장을 보기 위해 상경했던 인사들과 유학생들의
귀향을 통해서 퍼져 나갔다. 그 중 무엇보다 학생들
의 역할을 주목하지 않을 수 없다. 당시 경성에는 전
국 곳곳에서 유학 온 수많은 학생들이 모여 있었고,
이들은 3월1일 탑골공원에서 열린 독립선언식과 3월

17　김남석, 『일제강점기 당진지역 민족운동 연구』, 충남
　　대학교 박사학위논문, 2010, 52쪽.

5일 남대문역 학생 독립만세운동에 대거 참여하였다. 이렇게 경성에서 수많은 학생들이 독립만세운동에 참여하였다는 소식은 일제에 의해 자녀의 장래를 걱정하는 부모들을 움직여 유학생 자녀들을 귀향시키기에 이르렀다. 이러한 재경 유학생들의 귀향은 독립만세운동 참여자의 증가로 골머리를 앓고 있던 일제 당국에게는 더없이 바라는 바였다. 하지만 경성에서의 독립만세운동 참여를 막기 위해 보낸 유학생들의 귀향은 역설적이게도 경성에서의 독립선언을 전국으로 펴트리는 매개체 구실을 하게 만들었다. 이렇듯 유학생들의 귀향과 독립만세운동 소식의 전파는 나라 잃은 조선민중의 독립에 대한 희망과 열망이 결합하면서 3·1혁명이라는 위대한 역사적 사건으로 완성되었던 것이다.

독립만세운동의 양상은 대부분 독립선언을 하고 만세를 부르는 등 단순히 독립을 요구하는 비폭력적이고도 평화적인 모습이었다. 한용운이 재판과정에서 밝혔듯이 민족대표들이 독립선언을 통해 이루고자 했던 것은 아주 단순했다. "선언서를 널리 배포하고 선언을 발표하고, 그 발표한 것을 강화회의 대표자에게 보내고, 그리고 미국 대통령 윌슨에게도 보내고, 한편 일본정부에도 청원서를 보내는 것"이었다. 하지만 일제는 이러한 비폭력 평화적 시위대를 해산시키기 위해 경찰과 헌병 이외에도 용산에 주

둔하고 있던 보병 3개 중대와 기병 1개 소대의 전투
병까지 동원하였다. 일제 군경은 시위대를 해산시키
기 위해 평화적 시위 군중을 무차별적으로 구타하고
체포하였다. 얼마나 무자비하게 탄압하였는지 단순
히 조선독립만세를 따라 불렀다는 이유로 체포하였
고, 심지어는 시위대가 아닌 주변을 지나는 행인들까
지 무차별적으로 체포하기에 이르렀다. 이로써 독립
만세운동은 3월 하순에 접어들면서 독립만세운동의
양상이 점차 과격하게 전개되기에 이른다. 대표적으
로 평북 의주군 옥상면, 황해도 수안군 수안면, 경기
도 안성군 양성면 및 원곡면 등 일부지역에서는 경찰
및 헌병분소를 습격하여 투석하는 등 과감한 만세운
동 양상을 보이기도 하였다.

3 · 1혁명으로 눈 뜨기 시작한 노동운동

독립선언과 함께 시작된 독립만세운동은 경성의 학
생과 종교인들에 의해 기획되고 전개되었다. 그러면
서 점차 전국으로 번지기 시작하자 참가자들의 범위
도 넓어지기 시작하여 조선인이라면 남녀노소를 가
리지 않았고, 지위고하를 막론하고 독립만세운동에
참여하게 되었다. 그중에서도 노동자들의 참여와 각
성은 크게 주목할 만하다.

1910년대 조선의 노동자들은 일본인 자본가 밑에서 이중의 착취를 당하였다. 장시간 노동과 저임금을 비롯한 열악한 노동조건에, 조선인이란 이유로 민족적 차별 대우까지 감수해야 했다. 이 시기 일제는 후발 제국주의 국가로 노동자의 착취를 통해 성장하고 있었다. 당시 일본의 노동조건은 저임금 장시간 노동으로 유명했다. 그나마 낮은 임금도 상승률이 물가지수 상승률을 따라가지 못해 노동자들의 생활은 기아를 겨우 면할 정도였다. 그런데도 조선인 노동자의 임금은 일본인 노동자의 40~60%에 지나지 않았다. 당시 일본인 노동자의 임금은 평균 1원12전이었는데 조선인 노동자는 53전에 불과했다. 노동시간도 하루 평균 12시간 42분을 일했고, 심한 경우는 16시간을 넘게 일하는 경우가 허다했다.[18]

억압과 착취에는 저항이 따르게 마련이다. 노동자들의 저항은 3·1혁명을 만나면서 크게 폭발하였다. 3·1혁명이 일어나자 3월8일 밤 용산에 있던 조선총독부 산하 직영 인쇄공장 조선인 노동자 130명이 야근을 거부하고 식당에서 돌연 독립만세를 불렀다. 인쇄소장은 즉시 노동자들을 제지하였지만 듣지 않고 오히려 200여 명으로 불어나 독립만세를 고

---

18   이창건, 「3·1운동 주도세력의 운동성향에 대한 연구」, 『영진전문대학논문집』22호, 2000, 82~98쪽.

창하였다. 이에 따라 용산헌병분대가 출동하여 19명
을 검속하였다.[19] 3월9일에는 경성전기회사 소속 시
내전차 운전사와 차장 120명과 경성 동아연초공사와
철도노동자들도 독립만세운동에 나섰다.[20]

　　노동자들의 산발적인 독립만세운동은 차금봉
을 통해 조직화되었다. 차금봉은 1898년 경성 냉동
에서 태어나 후일 4차 조선공산당 책임비서를 맡았
던 노동자 출신 사회주의 독립운동가이다. 차금봉은
미동공립보통학교를 졸업한 14살부터 만철경성관리
국 경성기관부 화보 견습공으로 취업하였다. 차금봉
은 6년간 하루 16시간의 장시간 노동을 하며 '노동
의 신성함'을 깨달아 선진노동자로 성장하였다. 3·1
혁명 당시 차금봉은 기관수로 근무하고 있었다. 그는
3·1혁명이 일어나자 용산철도공장과 남대문 기관구,
남대문역 철도노동자들을 규합하여 독립만세운동을
기획하다 발각돼 해고되었다. 차금봉은 1919년 3월

19　朝鮮騷擾事件關係書類 共7冊 其1, 電報 : 大邱와 京
　　城의 시위상황: 朝鮮騷擾事件關係書類 共7冊 其7, 獨
　　立運動에 관한 건(제10보).

20　朝鮮騷擾事件關係書類 共7冊 其1, 電報 : 전국 각지
　　의 3月7日부터 8日까지 시위 운동 및 파병 상황: 朝
　　鮮騷擾事件關係書類 共7冊 其7, 獨立運動에 관한 건
　　(제10보).

22일 철도교착점이 있었고, 만철경성관리국 노동자들이 가득했던 오늘날 만리동인 봉래정에서 노동자 500여명을 조직하여 의주통을 지나 아현까지 행진을 이끌어냈다.[21] 이날 노동자들의 독립만세운동은 39세의 노동자 엄창근이 구한국기를 들고 선두에서 행진하였고, 신형균은 프랑스 영사관 앞 등 2~3곳에서 '조선독립을 위해서는 목숨을 던지는 것은 당연한 일이라'고 외쳤으며, 아현동에서 장사하던 상인 염수완은 노동자들이 아현의 상가 앞을 지나며 가게 문을 닫고 만세를 부르자고 하자 함께 독립만세를 불렀다.[22] 이날 노동자들의 독립만세운동은 한동안 잠잠하던 경성에서의 독립만세운동을 또 다시 불붙게 한 기폭제였다.

당시 노동자 독립만세운동에 참여했던 김공우는 조선약학교 학생으로 당시 나이 21세의 청년이었다. 김공우는 1919년 3월17일 휘문학교 학생이던 정지현을 집에서 만나 노동자대회가 열린다는 소식을 들었다. 이 자리에서 정지현은 "요즘 경성에서는 학생이 주모자가 되어 조선독립운동을 시작하였으나,

---

21 김도형, 「발굴 한국현대사 인물54: 차금봉-철도 노동자 출신 조선공산당 당수」, 『한겨레신문』, 1991. 1. 11. 7면.

22 국가기록원, 김공우 외 판결문.

그 힘이 미력하여 이때에 노동자계급의 원조를 받지 못하면 당초의 목적을 달성하기 어렵다"는 말을 하였다. 이 말을 들은 김공우는 배희두와 함께 조선인 노동자들이 독립운동에 나서야 한다는 내용이 담긴 '노동회보'라는 유인물을 거리에서 배포하고 노동자대회에 노동자들을 조직하여 참여하였다.[23] 노동자들이 조직적으로 독립만세운동을 주도하였다는 것을 알 수 있게 하는 대목이다. 1919년 당시 사회주의 운동은 학생들을 중심으로 활동이 시작되었고, 노동운동도 본격적으로 기지개를 켜기 시작하였으며, 3·1혁명을 계기로 민족해방운동과 결합하여 조직적인 움직임이 전개되기 시작했던 것이다.

차금봉은 3월27일에도 만철경성관리국 철도노동자들의 동맹파업을 조직하는 한편, 그날 남대문역에서 '조선노동자대회', '조선독립' 등이 적힌 현수막을 내걸고 수천명의 노동자 독립만세운동을 이끌어내는 지도력을 발휘하였다.[24] 이때 철도국 노동자 파업은 900여명 가운데 85명을 제외한 대다수 노동자가 참여한 가운데 진행되었다. 만철경성관리국 노동

---

23   국가기록원, 김공우 외 판결문.

24   김도형, 「발굴 한국현대사 인물54: 차금봉-철도 노동자 출신 조선공산당 당수」, 『한겨레신문』, 1991. 1. 11. 7면.

자들의 동맹파업은 3월31일까지 5일간 이어졌다. 이 파업으로 경성의 전철 63대 가운데 49대만이 겨우 운행되었다. 철도노동자의 파업은 조선 노동자 최초의 동맹파업으로 기록되었고, 차금봉이 해고자 신분으로 주도면밀하게 기획한 작품이었다.

충남 천안에서는 광산노동자들이 독립만세운동을 주도하여 기획하였다. 천안 입장면 양대리 장터에서 직산금광의 광산노동자들이 독립만세운동을 전개한 것이다. 당시 직산금광은 양질의 금맥이 노다지로 나와 조선 최대의 금광으로 각광을 받던 곳이다. 직산금광의 25세의 박창신, 23세의 안은, 27세의 한근수 등 젊은 광산노동자들은 3월28일 양대리 장터에서 독립만세운동을 일으키기로 3월25일 결의하고, 태극기를 만들어 준비하였다. 이 거사에 백학서까지 참여시킨 이들은 3월28일 새벽 6시30분 광산노동자의 근무교대 시간을 이용하여 금광 입구에서 200여 명의 광산노동자를 모아 독립만세운동을 벌이자고 제안하였다. 이러한 제안에 직산금광의 광산노동자들은 그 자리에서 대한독립만세를 고창하고 태극기를 흔들며 입장 양대리 장터를 향하여 독립만세 행진을 감행하였다. 이때 양대 일본 헌병 주재소에서 일제 헌병들이 출동하여 총칼로 제지하자 분노한 광산노동자들은 노도와 같이 주재소로 돌진하여 총을 빼앗고 전화선을 끊으며 격렬히 항쟁하였다. 일제는 천

안에서 일본 군경을 급파하여 광산노동자들에게 무
차별 사격을 가하였다. 양대리 직산금광 노동자들의
독립만세운동은 일제의 발포로 순식간에 아수라장이
되었고, 성명미상의 노동자를 포함한 남기철, 신일성
등 5명이 그 자리에서 사망하였다.[25] 양대리 직산금
광 광산노동자들의 독립만세운동으로 주모자 박창신
은 징역1년6월, 안은, 한근수는 징역 1년을 백학서는
징역 10월의 실형을 언도받았다.

이렇듯 3·1혁명은 노동자들의 의식을 깨우는
계기가 되었다. 노동자들은 3·1혁명을 맞아 적극적
으로 독립만세운동에 참여하였을 뿐만 아니라 앞장
서 독립만세운동을 주도하였다. 3·1혁명을 통해 각
성한 노동자들은 이후 노동운동을 적극적으로 전개
하게 되었고, 노동운동을 통해 민족해방운동에 복무
할 수 있었다.

여성들이 참여하여 더욱 빛났던 3·1혁명!

3·1혁명의 특징은 조선 사람이라면 남녀노소 누구
도 가리지 않고 참여하였다는 점이다. 특히 여성들의
참여는 눈부실 정도였다. 3·1혁명에 참여한 여성들

---

25 『매일신보』, 1919년 4월1일 3면. "다섯 명이 총살됨".

중에는 단순한 참여자들도 많았지만 3·1혁명이 실현될 수 있도록 노력한 여성 독립운동가들도 많았다. 또한 전국 각지에서 주도적으로 마을 사람들을 이끌고 독립만세를 기획하여 성공시킨 여성들도 많았다.

김순애는 3·1혁명에서 큰 역할을 했던 여성 독립운동가이다. 1889년 황해도 장연에서 태어난 김순애는 고향에서 송천학교를 마치고 상경하여 정신여학교를 졸업한 뒤 부산 초량소학교 교사로 근무하였다. 교사로 근무하면서 학생들에게 역사와 지리를 몰래 가르쳐 민족정신을 일깨우던 김순애는 일제에 발각되어 붙잡힐 기미가 보이자 세브란스 병원 의사이던 셋째 오빠 김필순이 먼저 망명해 있던 만주 통화현으로 1911년 가족과 함께 망명하였다.

김순애는 중국 망명 중 오빠 김필순의 친구이자 동지였던 김규식을 만나 결혼하였다. 김규식 김순애 부부는 결혼한 후 상해로 이동하여 김규식은 파리강화회의에 참석하기 위해 파리로 떠났고, 김순애는 신한청년당의 방침에 따라 선우혁, 김철, 서병호, 백남규 등과 함께 국내로 들어와 민중봉기를 준비하였으며, 파리강화회의에 참가한 민족대표의 활동자금 지원을 요청하는 활동을 하였다. 이렇듯 김순애는 3·1혁명을 실현시키기 위해 헌신한 여성 독립운동가였다. 또한 그의 가족은 모두 독립운동가로 유명했는데, 남편 김규식은 물론 오빠 김필순, 큰 형부 서병

호, 조카 김마리아에 이르기까지 3·1혁명에 헌신하
였다.

　　여성 독립운동가로 유명한 김마리아는 1892년
황해도 장연에서 태어났다. 김마리아의 집안은 온 가
족이 독립운동가여서 우사 김규식의 부인 김순애는
그의 셋째 고모이고, 서병호는 큰고모부였다. 이렇게
어려서부터 집안 분위기에 따라 민족의식이 남달랐
던 김마리아는 일본 동경여자학원에 유학하여 조선
여자유학생회의 대표가 되어 활동하였다. 이때 동경
의 조선인 유학생들이 2·8독립선언을 발표하였는데,
김마리아도 황애덕을 비롯한 여자 유학생들과 함께
참여하였다. 2·8독립선언으로 체포되었다 풀려난
김마리아는 2·8독립선언을 국내에 알리기 위해 황
애덕과 함께 일본 여자로 변장하여 기모노 속에 독립
선언서 10여 장을 숨겨 국내로 들어왔다. 그리고 대
구에서 상해 신한청년당에서 국내의 독립운동을 촉
구하기 위해 밀사로 파견된 큰고모부 서병호와 셋째
고모 김순애를 만났다.

　　김마리아는 2·8독립선언 직후 동경 유학생들
의 독립운동 열기를 국내에 전파하여 거족적이며 전
국적인 독립운동을 촉발케 하고자 노력하였다. 3·1
혁명이 일어난 날에도 황해도 일대를 돌며 지방 여
성들에게 독립운동 참여를 촉구하였다. 그리고 3월
5일 남대문역 학생독립만세운동에 정신여학교 학생

들과 함께 참여하여 독립만세운동을 이끌었다. 이때 일제 경무총감부는 정신여학교 학생들이 대거 참여한 것을 수상히 여겨 그 배후에 김마리아가 있음을 알게 되었다. 이 일로 김마리아는 학생들과 함께 체포되어 5개월이 넘는 기간 동안 모진 고문을 받았다. 하지만 김마리아는 불굴의 의지로 끝까지 버텨냈고, 결국 8월 4일 증거 불충분으로 석방될 수 있었다. 그렇게 모진 고문을 당한 후에도 김마리아는 쉬지 않고 9월 '대한민국 애국부인회'를 조직하여 회장이 되었다. 그리고 임시정부에 군자금을 모아 전달하다 1919년 11월28일 대구에서 체포되어 황애덕과 함께 3년의 실형을 선고받았다.[26]

이렇듯 김마리아는 3·1혁명 과정에서 헌신적으로 독립운동을 전개하였다. 그리고 일제에 체포되어 모진 고문을 당하였다. 김마리아가 얼마나 심한 고문을 당하였는지 메스토이병을 앓게 되었고, 상해 임시정부에서 활동하던 시절 김마리아는 한 자리에 오래 앉아 있지 못해 사방을 돌아다니면서 회의에 임할 정도였다고 한다.

3·1혁명으로 경성의 유학생들은 자의반 타의반 고향으로 내려갔다. 1919년 4월1일 이화학당 유

관순도 천안 아우내장터에서 독립만세운동을 일으켰다. 이날 아우내장터 독립만세운동은 진명학교 교사 김구응이 앞장서고 병천면, 동면, 수신면, 성남면 등 3,000여 명의 인근 주민이 참여했다. 아우내장터 독립만세운동이 전개되자 일제는 헌병을 출동시켜 비무장 시위대를 향해 무차별 사격을 가했다. 주동자 김구응은 현장에서 사망했고, 이에 항의하던 어머니 최정철도 일본 헌병의 총검에 난자되어 숨졌다, 또한 유관순의 부모도 현장에서 사망했다. 유관순은 현장에서 체포되어 감옥에서 숨을 거두었다.

3월 20일 오전 10시 70명이 천안 입장면 양대리 시장에서 독립만세를 불렀다. 양대리 독립만세운동은 입장 사립광명학교 여학생 한이순(17세), 황금순(18세), 민옥금(17세) 등 여학생 세 명이 3월10일경 광명학교 학생들과 3월20일 입장 장날을 기해 독립만세운동을 벌이기로 공모하면서 시작되었다. 이들은 3월17일경 광명학교 학생들에게 입장 장날에 태극기를 들고 독립만세를 부르자고 설득하여 3월20일 오전 10시경 광명학교 학생 약 80명과 양대리 시장에 이르러 태극기를 흔들고 조선독립만세를 불렀다. 양대리 독립만세운동은 광명학교 교사이던 강기형과 광명학교 학생 조쌍동(19세)이 가세하고, 그때 마침 조선독립만세를 부르기 위해 양대리 시장에 나와 있던 직산금광 광부인 안시봉(19세), 김병렬(35세), 김채준(20세) 등 광부, 주민 등이 합세하면서 300여 명의 규모가 되어 독립만세운동을 전개하였다.[27] 양대리 독립만세운동은 천안분견대 헌병들이 출동하여 사건 주모자 7명을 체포하는 것으로 일단락되었다.[28] 이 사건으로 이들은 공주형무소에 수감되었고, 1919년 4월28일 공주지방법원에서 불온한 언동으로 치안을 방해하여 보안법을 위반했다 하여 한이순, 황금순, 민옥금, 강기형, 안시봉은 징역1년, 김병렬, 김채준, 조쌍동은 징역 6월을 언도받았다. 이들 중 강기형과 안시봉은 항소하였지만 6월9일 경성복심법원의 판결은 원심 판결에서 벗어나지 않았다.

1919년 4월1일 공주장터에서 공주영명학교 김관회, 김수철, 이규상이 주도한 독립만세운동이 일어났다. 이때 영명여학교 김현경이 참가하여 태극기를 흔들고 독립만세를 소리높이 불렀다. 이 사건으로 김관회, 김수철 등은 징역1년을 김현경은 징역 4월에 집행유예 2년을 선고받았다. 한편 이 사건에 영명여학교 이활란, 김양옥, 박루이사 등도 독립만세운동에 참여하였다. 하지만 일제는 이들의 행위가 모두 비밀리에 행해져 한 지방의 정밀을 해할 정도에 달한 것

27　국가기록원, 민옥금 외 6인 판결문.

28　朝鮮騷擾事件關係書類 共7冊 其7, 獨立運動에 관한 건(제22보).

으로 인정하기 어렵다는 이유로 무죄 방면하였다.[29]
김현경은 공주형무소에서 유관순과 함께 징역을 살
았는데 유관순이 죽자 시신을 인수해 장례를 치렀다.

이화학당 재학중이던 17세의 김복희와 백암교
회 부설 영신학교 교사인 22세의 한연순이 1919년
3월31일 저녁 아산군 염치면 백암리 북쪽 산위에서
모닥불을 피워 놓고 마을사람 30여 명을 조직하여
조선독립만세를 불렀다.[30]

백암리 독립만세운동의 주모자인 김복희는 이
화학당에 재학 중이었는데 유관순보다 1살 위이며
학년으로는 2년 선배였다. 1919년 3월 말에 졸업 예
정이었으나 3·1혁명이 시작되자 학교에 휴교령이
내려지고 기숙사도 문을 닫아 3월13일 고향으로 내
려왔다. 김복희는 영신학교 교사 한연순을 만나 경성
의 독립만세운동에 대해 전해주고, 백암리에서 독립
만세운동을 일으키기로 뜻을 모았다. 김복희는 공주
감옥에서 유관순을 만났다. 당시 공주감옥에는 독립
만세운동으로 잡혀 온 여성이 10명이 있었으며 얼마
뒤 2명은 경성으로 호송되었는데 유관순도 포함되었

---

29   국가기록원, 현석철외 17인 판결문.

30   『매일신보』, 1919년 4월5일. 3면, '아산 불을 피고 만
      세'.

다.[31] 김복희는 미결수로서 2개월을 보내고 재판을 통해 징역 2개월, 한연순은 3개월의 실형을 선고받았다.[32] 김복희의 1919년 8월12일 증언으로는 백암리 봉화시위에 참여했던 나머지 30여 명의 주민들은 모두 남성이었고 헌병분견소에서 30~60도의 태형을 받았다고 한다.[33]

3.1혁명에 참여한 여성들은 교사, 학생들만 있었던 것은 아니었다. 가장 낮은 신분의 기생도 있었다. 1919년 3월19일 경남 진주에서는 연일 독립만세운동이 격화되고 있었다. 만여 명에 가까운 시위대가 일제 헌병에 맞서 투석전을 전개하여 부상자가 속출하고 다수가 체포되었다.[34] 이때 '기생독립단'이라는 여성 30명이 어깨에 '조선독립'이라고 쓴 띠를 두르고 행진을 시작했다. 그리고 '기생독립단' 뒤로 부녀자 수천 명이 뒤따랐다.[35] 일제 경찰이 출동하여 칼

---

31   천경석, 「아산 3.1운동의 특징과 의의」, 『충남지방 3.1 혁명의 재조명』, 당진역사문화연구소, 2019.

32   국가기록원, 한연순, 김복희 판결문.

33   『신한민보』, 1919년 9월25일 4면, '출옥 후 발한 어떤 여학생의 편지'.

34   『매일신보』, 1919년 3월21일 3면, "학생 오십명 구인".

35   『매일신보』, 1919년 3월25일 3면, "기생들이 앞서서 형세 자못 불온".

을 빼들고 치려했지만 기생들은 아랑곳하지 않고 "우리가 죽어도 나라가 독립이 되면 한이 없다"고 외쳤다. 일제 경찰은 차마 칼을 대지 못하고 기생 6명을 현장에서 체포하였다.[36]

1919년 3월29일 11시30분 경기도 수원조합 기생 30여 명이 정기검진을 받기 위해 자혜의원에 들어가다가 경찰서 앞에서 대한독립만세를 부르기 시작했다. 김향화가 앞장서 대한독립만세를 부르기 시작한 기생들은 자혜의원 안으로 들어갔다. 기생들은 일제의 정기검사를 거부하고 뜰 앞에서 단체로 만세를 계속 불렀다. 병원 측은 이들을 내쫓았다. 김향화는 동료 기생들을 이끌고 경찰서 앞으로 가서 독립만세를 계속 불렀다. 그는 경찰에게 제지당한 뒤 바로 체포되었다.[37]

황해도 해주에서도 연일 독립만세운동이 일어났다. 3월31일 아이들이 독립만세를 부르기 시작하여 2천여 명이 독립만세를 불렀고,[38] 다음날인 4월1일 오후 2시에는 해주 기생일동이 종로에서 회집하여 만세를 부르고 남문으로 나가 훈련원에서 5분간

---

36   이이화, 『한국사이야기』 20권, 한길사, 2015, 249~250쪽.

37   『매일신보』, 1919년 4월2일 3면, "기생들이 만세".

38   『매일신보』, 1919년 4월5일 3면, "아이들이 시작".

독립만세를 부르고, 2천명의 군중과 함께 다시 동문
으로 들어가 일장연설을 하였으며, 서문으로 향하다
가 순사가 출동하여 기생 해중월, 벽도, 월희, 향희,
월선, 화용, 금희, 채주와 기타 남자 김명원외 5인을
검거하자 해산하였다.[39]

황해도 배천에서 3·1혁명을 주도하다 체포되
어 해주감옥에서 옥고를 치른바 있는 황해도 연백 출
신의 여기자 최은희는 해주 기생들이 독립만세운동
을 일으키고 체포되어 고문당하는 모습을 직접 목격
하고 이를 생생하게 기록으로 남겼다. 최은희에 의하
면, 1919년 4월1일 해주 종로 거리에서 3000여 명이
태극기를 흔들고 독립만세를 불렀는데, 이 독립만세
운동을 주도한 것은 해주기생조합의 해주기생들이었
다고 한다.

월희라 부르는 김성일과 월선이라 부르는 문응
신 등 해주 기생들은 고종의 인산을 보기위해 1919
년 2월 하순 경성에 갔다. 경성에서 거리를 배회하다
3·1혁명을 보고 감격하여 뛰어들어 함께 독립만세
를 불렀다. 다시 해주로 돌아 온 김월희는 3월 하순,
평소 호형호제하고 지내고 속뜻을 말하던 동료 문월
선, 해중월이라 부르는 김용성, 형희로 불리던 문재

<hr>

39   『매일신보』, 1919년 4월5일 3면, "기생이 소동".

민, 옥채주라 부르는 옥운경을 집으로 불러 독립만세
운동을 일으키자고 제안하였다. 이들은 4월1일 오전
10시를 거사일로 정하고 남자의 힘을 빌리지 않고
자기들끼리 모든 일을 준비할 것을 다짐하면서 "우
리는 죽어도 같이 죽고 살아도 같이 살 합심동체 다
섯 자매"라고 굳은 언약을 했다. 그리고 김월희와 문
월선이 지은 독립선언서 5,000장을 인쇄하고 옥양목
한 필을 사서 태극기를 만들었다. 4월1일 흰 치마저
고리를 차려 입고 흰 머리띠로 태극 수건을 쓰고 나
온 기생들은 인쇄한 독립선언서와 태극기를 광주리
에 이고 해주 남문 안에서 지나던 주민들에게 나눠주
었다. 이 소식은 순식간에 해주 시내에 퍼졌고, 동료
기생들이 달려오고 해주 사람이라면 하나도 빠지지
않고 몰려들어 수만에 이르렀다. 그리고 자랑스럽게
해주기생들을 예우 차원에서 앞세우고 독립만세를
부르며 행진했다. 해주에서 기생들이 독립만세운동
을 일으켰다는 소식에 몰려든 행렬은 해주재판소 앞
까지 나갔다가 동문안으로 들어와 종로를 지날 때는
인산인해를 이루었다. 이때 일제 기마병이 출동하여
기생들을 모두 체포하였다. 하지만 이들은 굴하지 않
고 독립만세를 불렀다. 경찰서에 끌려가서도 거리에
서 주은 돌맹이로 경찰서 유리창을 모두 깨고 독립만
세를 소리쳐 불렀다. 그날 밤부터 취조를 시작한 일
제경찰은 날마다 악형을 가했다.

　"네까짓 기생 년들이 무슨 독립운동이냐,
부자 서방이나 얻어 호강하면 상팔자지, 너
희 기둥서방이 꼬드기더냐! 너희들을 선동
한 놈이 누구란 말이냐, 이름만 대면 곧 집
으로 돌려보낼 테다."

　기생들이 자발적으로 독립만세운동을 일으켰을
리 만무하다고 믿은 일제 경찰은 배후를 대라고 혹독
하게 고문하였다.
　하지만 "우리는 일본 기생들과 다르오, 내 나라
를 사랑할 줄 아는 한 사람의 여성이란 말이오"라는
해주 기생들의 당당한 주장에 기가 막힐 수밖에 없었
다. 가죽 채찍이 마구 날아왔다. 거품을 물고 기절하
면 끌어내 얼굴에 찬물을 뿜었다. 정신이 들면 다시
때리고, 주리를 틀고, 불꼬챙이로 찌르고, 대꼬챙이
로 손톱 밑을 젖혔다. 참을 수 없는 고통에 내지르는
비명은 듣는 이의 모골을 송연하게 했다. 이렇게 다
섯 자매는 구류 갱신을 해가며 2개월 동안 혹독한 고
문에 시달렸다. 공판 결과 김월희와 문월선은 징역6
개월, 김해중월과 문형희, 옥채주는 징역 4개월을 언
도받고 옥고를 치렀다.[40]

40　최은희, 『여성을 넘어 아낙의 너울을 벗고』, 문이재,
　　2003, 305~319쪽.

이밖에도 통영을 비롯한 여러 곳에서 기생들이 독립만세운동을 주도하거나 참여하였다. 이러한 기생들의 독립만세운동은 일반 여성들은 물론 많은 사람들을 각성하게 하였다. 이렇듯 3·1혁명을 통해 조선의 여성들은 자주독립의 정신과 민주주의의 소중함을 깨달았다. 그리고 모든 사람은 평등하고 남녀간 차별이 있을 수 없다는 사실을 실천적으로 증명하였다.

해외동포들이 원한 것은 조국의 독립이었다!!

식민지 조선 경성에서 시작된 독립만세운동은 단지 국내에 국한된 문제가 아니었다. 해외에 거주하는 한인들 사이에도 독립선언 소식은 신속하게 전해졌고, 한인이 거주하는 곳이라면 어디서나 독립만세를 불렀다. 해외의 한인들이 요구한 것 또한 독립을 선언하고 대한독립이 불가피하다는 점이었기에 이를 널리 알리고자 하였다. 따라서 해외동포들의 독립만세운동은 국내에서 벌어진 독립만세운동과 근본적으로 같았다.

해외동포의 독립만세운동은 주로 만주, 연해주, 북미에서 이루어졌다. 3월12일 서간도 류허현에 위치한 삼원보의 서문밖교회에서 한인 200여 명이 모여 독립선언 경축대회를 열었다. 통화현 금두화락에서도 '한인청년회' 회원을 중심으로 한 거류 동포 300여명이 모여 독립만세를 외치며 거리 행진을 하고 만세운동을 펼쳤다.[41] 통화현 만세운동에서는 일제군경의 앞잡이 노릇을 하던 계성주라는 인물이 있었는데 만세운동을 마친 '한인청년회' 회원들이 계성주를 붙잡아 반역죄로 처형하는 일이 발생했다.[42] 통화현의 만세운동은 3월20일까지 이어졌다. 또한 서간도 삼원보에서는 각급 학교 학생과 부민단 단원 1,000여 명이 운집해 국내에 들어가 독립만세운동을 벌이는 국내 진공 독립만세운동 방안을 논의하기도 하였다. 이러한 서간도에서의 뜨거운 독립만세운동은 북간도로 번져나갔다.

북간도에서의 독립만세운동은 3월13일 용정에서 시작되었다. 일찍이 간도지방 독립운동가들은 경성에서 독립선언이 있을 것을 알고 있었기 때문에 체계적인 독립만세운동을 전개하기 위해 만반의 준비를 하고, '조선독립기성총회'를 조직하여 구춘선을 회장으로 추대하였다. 그리고 3월13일 한곳에 모여 독립만세운동을 벌일 것을 결의하고 '독립선언 포고

---

41   『朝鮮騷擾事件關係書類』 共7冊 其7(大正8年乃至同
      10年), 獨立運動에 관한 건(제43보).

42   논픽션그룹 실록,『역사 논픽션 3.1운동』, 한울, 2019,
      244쪽.

문'을 작성하였다. 정오에 맞춰 시작된 용정에서의 독립만세운동은 '조선독립축하식'이었다. 옌지현 용정촌에 거류하던 한인 3만명이 서전평야에 모여들었다.[43] 이렇게 많은 한인이 모일 수 있었던 것은 용정의 '명동학교', '정동학교' 등 북간도 12개 한인 학교의 학생과 교원들이 조직적으로 참여하였기 때문이다. 기념식을 마친 군중들은 '대한독립'이라고 쓴 깃발을 앞세우고 독립만세를 부르며 행진을 시작했다. 이날 만세운동은 중국군을 움직인 일제의 계략으로 유혈사태로 번졌고, 모두 18명의 사망자가 발생할 정도의 참극이 발생하였다.

이밖에도 간도지방에서는 북간도 옌지현 이도구에서 700명의 거류 동포들과 다수의 중국인이 모여 독립축하식을 거행하였고, 둥닝현 삼차구에서도 4000여 명이 모여 독립선언 발표식을 하고 독립만세를 불렀다.[44] 허룽현 양무정자에서는 제3초등학교 학생과 교직원 등 동포 300명이 참석한 가운데 경축식이 열렸다. 이뿐만이 아니라 허룽현에서는 3월 내내 4월 초순까지 독립선언축하식이나 독립만세운동

---

43   『朝鮮騷擾事件關係書類』共7冊 其7(大正8年乃至同10年), 獨立運動에 관한 건(제43보).

44   『朝鮮騷擾事件關係書類』共7冊 其7(大正8年乃至同10年), 獨立運動에 관한 건(제43보).

이 이어졌다.

독립만세운동의 횃불은 소련령 연해주에서도 불타올랐다. 3월17일 연해주 블라디보스톡에서 '대한국민의회' 명의의 '조선독립선언서'가 발표된 것이다. '대한국민의회'는 회장 문창범, 부회장 김철훈, 서기 오창환, 외교부장 최재형, 선전부장 이동휘 등 '재로한족회 중앙총회'가 확대 개편된 독립운동 단체였다. 이들은 독립선언서를 낭독하고 대한독립만세를 소리 높이 외치고, 소련 주재 11개국 영사관 및 연해주 당국에 독립선언문을 배부하였다. 그리고 블라티보스톡 거리에서는 '코레아 우레' 소리가 끊이질 않았다. 심지어 일본 총영사관 앞에서도 한인 학생 수십 명이 일본 영사관을 지나면서 '코레아 우레'를 외쳤다.[45] '코레아 우레'는 러시아 구호로 대한독립만세를 뜻하는 구호이고, 안중근이 하얼빈에서 이토 히로부미를 저격하고 불렀던 말이기도 하다. 그러고 보면 연해주 동포의 독립에 대한 열망은 어제 오늘의 일이 아니었다.

블라디보스톡 한인촌에는 태극기와 붉은기로 장식되었다. 연해주에서의 독립만세운동은 3월17일과 18일 집중적으로 전개되었다. 17일 리콜리스크

---

45 『大阪每日新聞』1919년 3월20일 석간 6면.

에서 전개된 독립만세운동은 문창범이 주도하여 지역 교민과 함께 일으켰다. 수천 명의 교민들이 모여 신한촌에서 시내를 향해 독립만세를 부르며 행진하였다.

해외동포들의 독립만세운동은 미주에서도 전개되었다. 샌프란시스코에 본부를 둔 대한인국민회는 미주 각지에서 독립의연금을 모집하였다. 김정진이 대표로 파견되었는데 김정진은 63일간 미주에 흩어져 살던 동포들을 방문하여 만 달러 이상을 모았다. 국민회 중앙총회가 발표한 독립의연금은 총 3만 달러가 넘었는데 당시 한인 이민자의 하루 일당이 3달러 정도였다는 점을 감안하면 엄청난 거금이었다.[46]

대한민국은 3·1혁명으로 태어났다!!

독립만세운동이 국내외를 막론하고 벌어져 그치지 않고 계속되자 일제의 대응 방식도 점차 강화되었다. 일제가 동원한 군과 경찰은 평화적 시위대를 향해 무차별 발포로 진압하였다. 일제의 탄압이 얼마나 무자비했는지 수많은 사람들이 만세운동 중에 총 맞아 죽었고, 체포되는 과정에서 재판도 없이 처형되었으며,

---

46 논픽션그룹 실록, 『역사 논픽션 3.1운동』, 한울, 2019, 266쪽.

고문과 후유증으로 옥사하였는데 그 수를 헤아리기 어려울 정도로 많았다. 대표적인 사례가 유관순 열사로 유명한 천안 아우내 만세운동이였고, 수원 제암리 학살사건이다. 제암리 학살사건은 단순히 독립만세를 부르고 시위를 벌였다는 이유로 시골마을 주민들을 일본군이 출동하여 교회에 몰아넣고 총격을 가하고 불태워 죽인 사건이다. 제암리 학살사건이라는 일제의 천인공노할 만행은 외국인 선교사 스코필드(Frank William Schofield)에 의해 전세계에 알려졌다. 동시에 조선인의 독립의지를 세계에 알리는 계기가 되었다.

독립만세운동의 양상은 4월 이후에도 변함없이 전국 곳곳에서 다양한 방식으로 전개되었다. 대표적인 운동방식이 한밤중 산에 올라 봉화를 올리는 것이었다. 이것은 일제의 무자비한 탄압에 따른 불가피한 선택에서 비롯된 것이기는 했지만 독립을 열망하는 민중의 뜻을 펼치기에는 안성맞춤의 운동방식이었다. 한 밤에 산에 올라 만세를 부르는 것이니 자연스럽게 참여하는 군중도 많아지고 다양해졌다. 하지만 일제는 한밤중 불놀이 하듯 독립의지를 표현한 작은 만세운동에까지 총격을 가하고 참여자를 찾아내 가혹하게 태형을 가했다.

이렇듯 3·1혁명 참가자는 남녀가 따로 없었고, 노소를 구별하지 않았으며, 귀천의 차이가 없었

다. 대전 인동에서는 나무꾼이 앞장서고, 평양에서
는 기생도 함께하였으며, 진주에서는 걸인들이 만세
운동을 주도하였다. 3·1혁명은 33인 민족대표들의
독립선언 발표를 계기로 시작되었지만 수많은 학생
들과 민중이 함께하였다. 박은식은『한국독립운동지
혈사』에서 3·1혁명에 참여한 시위인원을 약 200여
만 명으로 보고, 그 중 45,306명이 체포되었고, 7,509
명이 사망했으며, 15,850명이 부상당하였다고 밝히
고 있다. 또한 헐리고 불탄 민가가 715호, 교회가 47
개소, 학교가 2개소였다고 말하고 있다. 조선총독부
기록에 의하더라도 1919년 3월1일부터 4월30일까
지 집회참여 인원은 충남 4만 명을 포함하여 총 46만
3,086명이고, 그 중 사망자가 7,509명, 구속자가 4만
7천여 명이었다.

　　3·1혁명은 역사적으로 대한민국 역사의 출발
점이기도 하다. 대한민국은 상해임시정부가 수립되
면서 출발하였다. 상해임시정부 수립 과정은 국내에
서 3·1혁명이 본격화되면서부터 시작되었다. 경성에
서 독립선언서가 완성되자 현순과 최창식을 상해로
보냈다. 상해에 도착한 이들은 선언서를 영문으로 번
역하여 파리강화회의에 보내고,『The China Press』
를 비롯한 신문에 조선에서 독립선언을 발표했다는
사실을 보도하도록 하였다. 다른 한편으로는 3·1독
립선언이 발표된 후, 국내외 각지에서 독립국을 세

우려는 움직임이 구체화되었다. 3월 17일 연해주에서 활동하던 인사들이 대한국민의회를 조직한 것을 시작으로, 국내에서는 4월23일까지 조선민국임시정부·신한민국정부·한성정부 등을, 길림에서는 고려임시정부를 수립하였다.

이렇듯 국내외 여러 곳에서 수립된 임시정부는 한편으로 단일한 계통으로 독립운동을 이끌 조직의 필요성이 절실하게 대두되었다. 이에 따라 국내, 미주, 중국, 연해주 등에서 활동하던 독립운동가 천여 명이 상해로 모여 들었다. 1919년 4월10일 늦은 10시부터 시작되어 다음날 오전 10시까지 이어진 회의에서 조소앙이 동의하고 신석우가 재청하여 회의의 명칭을 국회에 해당하는 임시의정원으로 결정하였다.[47] 이어진 임시의정원 회의에서 민주공화제를 정체로 삼았고 국호를 대한민국으로 정하였으며, 3·1혁명 정신을 이어받는 상해임시정부를 수립하였다. 3·1혁명의 결과 대한민국이라는 국가가 탄생한 것이다.

세계 역사에서 민주공화정의 수립은 합의를 통

---

47 『대한민국임시정부자료집』2권, 임시의정원 Ⅰ, 臨時議政院紀事錄 第1回(1919. 4.) "大韓民國 元年 四月 十日 下午 十時에 開會하야 四月十一日 上午 十時에 閉會하니라".

해 이루어질 수 있는 정치체제가 아니었다. 반드시 혁명을 통해 완성되었고, 수많은 사람들의 희생이 뒤따랐다. 대한민국이 민주공화제를 정체로 채택한 것이 임시정부 수립 과정에서 회의를 통해 합의한 것으로 판단할 수도 있겠지만 실제로는 3·1혁명이라는 위대한 혁명을 통해 완성하고 쟁취했다는 사실을 알아야 한다. 당시의 공판 기록을 보면, 3·1혁명을 주도한 손병희를 비롯한 민족대표는 물론이고 상당수의 민중들조차 "독립 후 어떤 나라를 세울 것이냐"는 질문을 받고 주저없이 공화국이라고 답하였다. 3·1혁명 3대 만세운동 거사지로 불리는 황해도 수안군의 주민들은 3월3일 만세운동에서 "공화정치는 세계의 대세이다."라는 구호를 외치며 헌병주재소 앞에서 행진을 벌였으며, 평안북도 선천군 일대에서는 "우리 조선 민족은 정의와 자유를 기초로 한 민주주의의 신국가를 건설하려고 한다"는 구절이 담긴 선언서를 낭독하기도 했다. 또한 3월5일 서울에서의 만세운동에 참여한 정신여학교 학생 이애주는 '독립'이란 "조선에 황제 또는 대통령이 나와 조선을 통치한다는 것"이라는 발언을 하기도 했다. 이는 공화주의 개념이 3·1혁명을 계기로 일반 민중들에게 널리 퍼지기 시작했음을 뒷받침한다.

따라서 상해에 모인 독립운동가들이 민주공화제를 정체로 한 대한민국 임시정부를 수립하였던 것은 이런 역사적 배경이 있었기 때문에 가능했던 일이다. 그 때가 바로 1919년 4월11일의 일이었다. 이처럼 3·1혁명의 결과는 자주독립 의지를 모아내 대한민국 상해 임시정부를 수립할 수 있게 하였다. 그 결과 빼앗긴 국토를 회복하기 위한 지속적인 독립투쟁을 이어 갈 수 있었고, 마침내 일제로부터 해방되어 대한민국 정부를 수립할 수 있었다. 그 처음에는 3·1혁명이라는 대사건이 있었던 것이다.

2부

당진사람들과 3·1혁명

3·1혁명을 기록하고 널리 알린 정미 출신 이종린

이종린은 조선시대 말기인 1883년 서산 지곡면 화천리에서 태어난 언론인이자 종교인이며 정치인이었다. 이종린은 서산 지곡에서 태어났지만 어려서 정미면 승산리로 이주하여 자랐다. 지금도 승산리에는 그가 살았던 옛집이 있으며, 그 역시 승산리 산기슭에 묻혀있다. 그의 옛집과 무덤이 있는 곳은 정미사거리에서 두산리 방향으로 500여 미터를 가다보면 좌측에 허름하게 쓰러져가는 기와집이 보이는데 이곳이 바로 이종린이 자란 옛집이다. 또한 집 뒤 얕은 산등성이에는 언뜻 보아도 범상치 않다고 느낄 정도로 큰 봉분을 가진 무덤이 보이는데 천도교를 표시하는 상석과 함께 큼지막한 비석에는 이종린을 기리는 문장이 새겨져 있다. 이 무덤이 바로 이종린의 묘소이다. 그러니 이종린은 당진 정미면 승산리가 고향이라 할만하다.

이종린이 3·1혁명으로 일제 경찰에 체포되어 진술한 기록에 의하면 이종린은 1919년 3·1혁명 당시 38세의 청년이었다. 당시의 직업은 『천도교월보』 편집원이었고, 충남 서산군 정미면 승산리190번지가 본적이며, 출생지는 충남 서산군 정미면 승산리 10번지라고 진술하였다.[48] 이것으로 이종린이 당진 정

---

48 『韓民族獨立運動史資料集』13, 3·1독립선언 관련자

미면 승산리 사람임이 분명해졌고, 후일 이종린이 서산에서 제헌국회의원으로 출마하여 당선되었던 것은 당시에는 정미면이 서산군에 속해 있었기 때문이다. 또한 이상의 기록을 통해 알 수 있는 것은 이종린이 천도교도로서 천도교에서 종교 활동의 일환으로 발행하는 『천도교월보』를 제작하는 일을 했던 종교인이자 언론인이었다는 사실이다. 그렇다면 『천도교월보』를 편집하는 언론인이자 종교인이던 이종린은 3·1혁명에서 무슨 일을 했기에 일제 경찰에 체포되어 조사를 받았을까 궁금하다. 이종린이 일제경찰에 체포된 것은 1919년 3월10일이었는데 그가 체포된 이유는 보안법과 출판법 위반이었다. 이종린이 일제의 보안법과 출판법을 위반했던 것은 3·1혁명과 관련한 생생한 소식을 전하기 위하여 『조선독립신문』이라는 제호의 지하신문을 발행하여 전국에 배포했기 때문이다.

이렇듯 정미면 출신의 이종린은 3·1혁명을 빛낸 주역 중 한사람이었다. 그렇다면 이종린이 3·1혁명에 참여하게 된 계기는 무엇일까 알아 볼 필요가 있겠다. 이종린이 3·1혁명에 참여하게 된 원인은 천도교 도인이고 천도교에서 발행하는 『천도교월보』의 편집인이었다는 점이 크게 작용하였다. 특히 천도교

신문조서(경찰조서), 이종린 신문조서.

의 중요인물이고 『천도교월보』의 과장이며 33인 중의 한사람이었던 태안 출신의 독립운동가 이종일이 이종린의 집안 형님이었다는 점이 이종린으로 하여금 『조선독립신문』을 발행하는 역할을 하게했던 직접적인 배경이 되었다. 그리고 무엇보다 가장 중요한 이유는 이종린이 당대 뛰어난 문장과 필력을 지닌 언론인이었다는 점이다.

이종린이 처음으로 언론생활을 시작한 것은 1907년 성균관 박사라는 관직을 그만두고 이종일이 운영하던 『제국신문』에서 기자로 활약하면서부터였다. 아울러 이 시기에 서우학회와 대한협회 일에 관여하면서 『대한협회회보』와 『기호흥학회회보』에 논설과 법률, 역사, 지리 등 신학문과 한시 등을 발표하며 뛰어난 문장을 선보였다. 1909년 6월에는 오세창, 장효근 등이 『대한민보』를 창간할 때 논설기자로 활약하며 민심계몽과 국민 지식 계발에 힘썼으며, 1910년부터는 천도교에 입교하면서 『천도교월보』의 편집인으로 주필 및 발행인 역할까지 맡아 언론을 통한 천도교 포교활동을 전개하고 있었다.

이렇듯 3·1혁명을 준비하던 천도교 측에서는 당대 최고의 문장을 자랑하던 이종린의 재능을 활용할 방법으로 『조선독립신문』을 발행하여 3·1혁명을 널리 알리고자 했던 것이다. 일제 신문조서에 의하면 3·1혁명을 준비하던 이종일이 이종린을 불러 모

朝鮮獨立新聞　新聞社長 尹益善

朝鮮民族代表孫秉熙。金秉祚氏外三十一人이

朝鮮建國四千二百五十二年三月一日下午二時에朝鮮獨立宣言書를京城太華館內

에셔發表하얏는되同代表諸氏는鍾路警察署에拘引되얏다더라

代表諸氏의信托　朝鮮民族代表諸氏는最後의一言으로同志에게告하야

日吾儕는朝鮮을爲하야生命을犧牲으로貢하노니吾神聖兄弟는吾儕의素志를貫徹

하야何年何日써진던지我二千萬民族이最後一人이殘餘하더리도決斷코亂暴的行

動이라던지破壞的行動을勿行할지어다一人이라도亂暴的破壞的行動이有하면是

는永千古不可救의朝鮮을作할지니千萬注意하고千萬保重할지어다

全國民響應　同日代表諸氏拘引되는同時에全國民이諸氏의素志를貫徹

기爲하야一齊響應하다하더라

朝鮮建國四千二百五十二年三月一日

이종린이 미리 제작하여 배포한 「조선독립신문」 지도부의 뜻을 정확히 반영하고 있다.

든 상황을 설명하고 『조선독립선언서』와 달리 여러 사람이 손쉽게 볼 수 있는 대중신문을 제작해 달라고 부탁하였고, 이를 수락한 이종린이 자신의 재능을 활용하여 『조선독립신문』을 제호로 하는 지하신문을 발행하였다고 기록하고 있다.[49]

『조선독립신문』은 1919년 3월1일 오전 9시에 이종린에 의해 원고가 완성되어 보성사 인쇄소에서 인쇄되었다. 이렇게 1만부가 인쇄된 『조선독립신문』은 학생들을 통해 경성시내 곳곳에 배포되었다. 『조선독립신문』이라는 제호는 이종린이 직접 지어 정한 것이고, 기사 원고 역시 모두 이종린이 작성하여 신문을 제작하였다. 그런데 여기서 한 가지 의문이 생긴다. 이종린이 이종일에게 대중에 널리 알려달라는 부탁을 받은 것이 3월1일 아침의 일이었다. 그런데 당일 아침 부탁을 받고 어떻게 잠깐 사이에 『조선독립신문』라는 제호를 짓고, 원고를 써서 신문을 제작하여 배포하였는지 놀라운 일이 아닐 수 없다. 이것이 가능했던 것은 이종린이란 탁월한 문장가가 있었기 때문이 아니었을까 생각해 본다. 그러니 이종린의 문장을 당대 최고 중 하나였다고 평가하는 것이 결코 과장된 수사가 아닌 것이다.

---

49 『韓民族獨立運動史資料集』13, 3·1독립선언 관련자 신문조서(경찰조서), 이종린 신문조서.

『조선독립신문』기사의 내용은 세 가지로 되어 있었다. 첫째는 민족대표 33인이 태화관에서 3월 1일 하오 2시에 '독립선언서'를 발표한다는 것이었고, 둘째는 민족대표들의 순국결사(殉國決死)의 뜻을 밝혔으며, 셋째는 독립운동이 적극적으로 확대될 것임을 전망한다는 내용이었다. 그 중에서 독립선언의 주모자인 33명이 종로경찰서에 체포되었다는 내용의 기사가 포함되어 있었다.[50] 3월 1일 오전 9시면 독립선

<hr>

50 3·1운동 관계 신문보도, 1. 국내신문 논설기사, 朝鮮獨立新聞 朝鮮建國 1919年 3월 1일 발행 신문사장 윤익선.

"朝鮮民族代表 孫秉熙, 金秉祚氏 外 三一人이 朝鮮建國 四千二百五十二年 三月 一日 下午二時에 朝鮮獨立宣言書를 京城 太華舘 內에서 發表하얏는대 同代表 諸氏는 鍾路警察署에 拘引되얏다더라.

代表諸氏의 信託, '朝鮮民族代表 諸氏는 最後의 一言으로 同志에게 告하야 曰 吾儕는 朝鮮을 위하야 生命을 犧牲으로 貢하노니 吾神聖兄弟는 吾儕의 素志를 貫徹하야 何年何月까지던지 我二千萬民族이 最後의 一人이 殘餘하더라도 決斷코 亂暴的 行動이라던지 破壞的 行動을 勿行할지어다. 一人이라도 亂暴的 破壞的 行動이 有하면 是는 永千古不可救의 朝鮮을 作할지니 千萬注意하고 千萬保重할지어다.' 全國民 嚮應, 同代表 諸氏 拘引되는 同時에 全國民이 諸氏의 素志를 貫徹하기 위하야 一齊嚮應한다 하더라."

언서를 발표하기도 전이었는데 어떻게 현재 일어나
지 않은 사실인 33인이 종로경찰서에 체포되었다는
기사를 쓸 수 있었을까 의문스런 대목이다. 일제도
이를 수상히 여겨 집중적으로 신문하였는데 지도부
가 독립선언을 하고 종로경찰서에 붙잡힐 계획이란
것을 이종일이 이종린과 공유하였으며, 이런 소식을
대중들에게 널리 알려달라는 부탁을 받았기 때문에
가능했던 것으로 밝혀졌다.[51] 이렇게 제작된 『조선독
립신문』이 경성시내에 나돌자 수많은 조선 민중들은
『조선독립신문』을 통해 3·1혁명의 진행 과정과 확산
소식을 들을 수 있었고, 3·1혁명에 함께하면서 조선
이 독립되었다고 믿게 되었다.

　　일제는 『조선독립신문』을 통해 3·1혁명이 전파
되고 확대되는 것을 경계하였다. 3·1혁명으로 구속
된 인사들의 신문조서를 살펴보면 『조선독립신문』을
보았는지를 확인하고 『조선독립신문』을 보았거나 소
지하고 있으면 주동자로 보고 집중 취조했다. 일제
가 『조선독립신문』의 존재를 얼마나 크게 의식하고
있었는지 알 수 있게 하는 대목이다. 일제는 『조선독
립신문』과 관계된 인사들을 신속히 체포하기 시작하
였다. 33인의 한 사람인 이종일은 태화관에서 붙잡

51　『韓民族獨立運動史資料集』13, 3·1독립선언 관련자
　　신문조서(경찰조서), 이종린 신문조서.

했고, 발행인으로 올라 있던 윤익선은 그날 하오 6시에 붙잡혔으며, 인쇄소인 보성사는 폐쇄당하였다. 그러나 『조선독립신문』을 제작했던 장본인인 이종린은 몸을 피하여 체포를 면하였고, 관훈동 경성서적조합 사무소에서 장종건 등과 함께 등사판 신문을 계속 발행하였다. 이렇게 해서 『조선독립신문』은 이종린에 의해 제2~4호까지 직접 손으로 제작한 프린트판으로 발간될 수 있었다. 이종린이 체포된 것은 3월10일의 일이다. 하지만 이종린이 체포된 이후에도 『조선독립신문』은 계속해서 발행되었다. 이종린이 일본 경찰에 붙잡히자 함께 일했던 장종건이 광화문통에 있는 유병윤의 집으로 옮겨 계속 제6호까지 발행하였고, 25일 장종건, 최치환이 일본 경찰에 붙잡히게 되자 제9호부터는 이용설, 강매 등과 무명의 후계자들이 계속 나타나 신문을 발행하였다. 『조선독립신문』이 몇 호까지 발행되었는지, 언제 중단되었는지는 정확히 알 수 없다. 다만, 신문을 발행함으로써 3·1혁명의 소식을 전하고 널리 알려 독립을 이루고자 하였다는 사실이다. 3·1혁명에서 『조선독립신문』이 어떤 존재인가를 알 수 있게 하는 대목이다. 이렇듯 이종린에 의해 시작된 『조선독립신문』의 존재는 3·1혁명사에서 기념비적인 존재였음이 분명하다. 그리고 그 역할을 이종린이 시작하였고, 『조선독립신문』이 지하에서 계속 발행되면서 3·1혁명은 전국으로 급속히 퍼져 나갈 수 있었다.

『조선독립신문』이 발행되어 배포되자 그 영향으로 이와 유사한 지하신문이 학생들 사이에서 만들어지고 널리 유포되었다. 당진에서 경성제일고보로 유학갔던 순성출신 강선필도 지하신문제작에 자금을 제공한 것이 빌미가 되어 체포된 바 있다. 이런 지하신문 발행은 독립운동을 널리 알리고 촉발시키고자 하는데 주요한 목적이 있었다. 신문의 내용도 이에 부합하게 제작되어 일제 강점의 부당함을 역설하고 독립의 당위성을 알리고자 하는 것이었다.『조선독립신문』을 본 민중은 크게 고무되었고, 전국 곳곳에서 만세운동을 촉발시키려는 시도로 이어졌다. 따라서 일제는 이런 지하신문이 유통되는 것을 막기 위해 관련자들을 철저히 검거하여 엄격하게 처벌하였다. 이종린도『조선독립신문』을 제작하여 배포하였다는 이유로 보안법과 출판법 위반 혐의로 체포되어 구속되었다. 이종린이 위반했다는 보안법과 출판법은 일제가 조선을 강점하면서 만든 악법 중의 악법이었다.

보안법은 1907년 7월24일 일제에 저항하는 어떤 집회나 시위도 할 수 없도록 탄압하기 위해 구한국 정부를 압박해 만든 악법으로 광복 이후 미군정을 거쳐 지금까지도 국가보안법이라는 이름으로 유지되고 있는 악법의 원조라고 할 수 있다. 출판법 역시 1909년 2월23일 만들어진 법으로 출판물의 원고를

사전 검열하고 배일출판물을 압수할 수 있게 하여 일
제에 저항하는 출판물 제작을 금지하기 위해 만든 악
법이다. 일제강점기 무수한 독립운동가들은 출판법
과 보안법 위반 혐의로 구속되고 탄압받았다.

　　일제는 악법을 통해 통제했는데 『조선독립신
문』이 발행되자 철저하게 탄압하기로 마음먹고 관련
자들을 잡아 들였다. 처음에는 발행인인 윤익선을 주
범으로 보고 수사하였지만 윤익선은 몇 일을 버티지
못하고 형식상 발행인이었음을 인정하였고, 모든 것
이 이종린이 기획하여 제작하였다는 사실을 자백하
였다. 이종린이 주도하여 발행했다는 사실을 알게 된
것이다.

　　특이한 점은 『조선독립신문』이라는 제호는 물
론이고, 신문에 들어가는 연호도 일본 연호 대정(大
正)이 아닌 조선의 건국(建國)을 사용하였다는 점이
다.[52] 이것은 독립을 통해 새로운 나라를 세우겠다는
이종린의 분명한 의지를 엿 볼 수 있게 하는 사례이
다. 이러한 사실이 드러나면서 이종린은 경성지방법
원에서 보안법 및 출판법 위반 혐의로 징역 3년이라
는 중형을 선고받고 서대문형무소에 수감되었다.[53]

52　『韓民族獨立運動史資料集』13, 3·1독립선언 관련자
신문조서(경찰조서), 윤익선 신문조서(제1회).

53　『매일신보』, 1919년 11월 08일 3면 "前無後無한 大判

이종린이 받은 3년형은 3·1혁명을 주도하였다고 하는 33인의 민족대표 중에서도 손병희와 최린, 오세창, 이종일, 이승훈, 한용운만이 언도 받은 최고형으로 일제의 입장에서 이종린이 『조선독립신문』을 발행하여 배포 선동한 행위가 얼마나 위험한 행위로 인식하고 있었는가를 분명히 알 수 있게 한다.

이종린은 1921년 만기 출소 이후에도 일제에 저항하여 독립을 이루고자 노력하였다. 독립운동의 방법으로 선택한 것은 언론인으로서 역할과 천도교도로서 종교적 역할을 통한 독립운동이었다. 언론인으로서 이종린은 1921년 천도교에서 발행하는『천도교회월보』의 사장으로 취임하였고, 이후『개벽』의 사장을 지내기도 했다. 이종린은 천도교의 기관지인 『천도교회월보』를 통해 단순히 종교적 교리 전파의 수준에 국한하지 않고 학술적인 기사를 통해 민족의식을 고취하고 민중을 계몽하여 민족문화 창달에 기여하고자 하였다. 1924년에는 오늘날 전국기자대회에 해당하는 '언론집회압박탄핵회'를 개최하여 일제의 언론탄압에 적극적으로 저항하였다. 1922년에는 '재외조선인출총노동자조사회의'를 결성하여 위원이 되었고, 1923년 1월에는 유진태, 백관수 등 20여 개

決, 240명을 한 번에 언도해, 피고의 대부분은 모조리 학생".

단체의 대표 160여 명과 함께 '조선물산장려회'를 발기하고 3회 연속 이사장을 역임하면서 일제의 경제적 수탈정책에 항거하였다. 또한 1922년 11월 민족독립을 위한 실력 배양과 지도자 양성을 목적으로 하는 '조선민립대학운동'을 주도하여 '조선민립대학기성회' 경성부 집행위원으로 활동하였다. 주로 민족주의 세력이 주도하던 민중계몽운동에 관여하여 활동한 것이다. 1927년에는 민족주의세력과 사회주의세력 간의 민족유일당인 '신간회' 창립에 앞장서 천도교 구파를 대표하여 참여하였고 선전부장과 경성지회 집행위원장으로 활동하였다. 1929년에는 '광주학생운동 민중궐기대회'를 준비하다 체포되기도 하였다.[54]

천도교도로서 이종린은 천도교 내 신구파 대립 과정에서 구파를 대표하는 종교인으로 활동하였다. 천도교 신구파의 대립과 갈등은 손병희가 투옥된 후 고문 후유증으로 사망하면서 발생하였다. 손병희 사망 후 천도교는 박인호가 도통을 계승하였는데 박인호의 도통을 인정하지 않는 최린 등이 신파를 구성하면서 구파와 대립하였다. 일제는 이러한 천도교 내의 신구파 대립을 적절하게 활용하여 우선 최린을 비롯

---

54 『한민족문화백과』.

한 신파를 친일세력으로 포섭하였다. 반면 천도교 구파는 일제에 저항하면서 '멸왜기도운동'을 조직하는 등 일제와 맞섰다. 이종린은 천도교 구파로 1930년대에 들어 천도교에서 장로 등 주요 직책을 수행하였다. '조선교육협회' 이사, '여자고학생상조회' 후원회원, '조선과학지식보급회' 임원, '조선어표준사정위원회' 위원 등도 역임하였다.

이렇듯 언론인으로 천도교를 대표한 종교인으로 일제에 저항하던 이종린은 수많은 친일인사들이 그랬듯이 1937년 중일전쟁 발발 이후 일제의 전시 동원체제에 협조하면서 친일행위를 시작하였다. 이종린의 친일행위를 구체적으로 나열해 보면, '국민정신총동원조선연맹' 평의원을 시작으로 '국민총력천도교연맹' 이사장, '흥아보국단' 경기도 준비위원, '임전대책협의회' 준비위원, '조선임전보국단' 준비위원, 발기인, 상무이사, '지원병보급설전대 강사, '조선종교단체전시보국회' 천도교위원, '국민동원총진회' 이사, '국민동지회' 발기인, '조선언론보국회' 명예회원 등 헤아리기 힘들 정도였다. 이렇게 이종린은 일제가 전시동원체제를 위해 조직한 각종단체에서 핵심적인 역할을 수행하며 친일행위를 이어갔다. 1940년에는 천도교의 최고위직인 교령(敎領)에 이어 장로(長老)가 되어 종교 활동도 계속하였다. 천도교 교령에 취임한 후에는 일제가 침략 전쟁을 합리화하는 구호인 팔굉일우(八宏一宇)의 신념으로 3대 강령을 발표하였다. 특히 이종린은 일제강점기 안창호, 여운형과 함께 조선 3대 웅변가로 불릴 만큼 언변이 뛰어났다. 일제강점기 안창호, 여운형과 함께 웅변을 통해 민중을 계몽하고 일제에 저항하던 이종린이 자신의 재능인 웅변과 문장으로 일제에 부역하자고 역설했으니 그 효과 또한 남달랐을 것이다.

이종린의 친일반민족 행위는 제헌의회 반민족행위특별조사위원회가 구성되면서 체포되어 조사를 받았다. 그러나 반민특위 활동은 친일세력을 등에 업은 이승만의 조직적 방해에 부딪치면서 재판 결과는 무혐의 판결을 받았다. 수많은 친일반민족 행위자들이 그렇듯이 이종린 또한 자신의 행위에 대한 반성은 없었다. 오히려 광복 후에 '조선독립운동사편찬발기인회' 회장으로 추대되었다. 이 자리가 3·1혁명의 주역 중 한사람이던 이종린에게 어울리는 자리였을지 모르겠다. 하지만 1937년 이후 보여준 이종린의 행적을 감안한다면 우리 역사의 아이러니가 아닐 수 없다.

이종린은 1948년 정부수립에 즈음하여 서산갑구를 지역구로 제헌국회에 진출하여 헌법기초위원, 교육체신위원장, 외무·국방위원장 등의 요직을 역임하였고, 이어 1950년 5·30총선에서도 제2대 국회의원에 당선되었다. 하지만 총선 후 곧이어 터진 6·25전쟁으로 한강다리를 건너지 못하고 서울에 남겨진 이종린은 북한군에 체포되었다. 인민군은 이종린을 수감하였지만 옥중에서 병이 생기자 소생 가능성이 없다고 판단하였는지 가출옥시켰다. 출옥 후 이종린은 곧 병사하였다.[55]

이종린의 일생을 돌아보면 그는 뛰어난 문장과 언변을 타고난 걸출한 인물이었다. 또한 일생을 살면서 자신의 재능을 모두에게 인정받았고, 그 재능을 최대한 발휘하기도 하였다. 그의 뛰어난 재능은 한때는 민족의 희망이 되어 환호도 받았지만 때로는 반민족 행위로 수많은 젊은이들을 사지로 내 모는 역할을 하였다. 그가 일생을 통해 세운 공을 무시할 수는 없지만 공을 바탕으로 형성된 대중적 명성을 반민족 친일행위에 썼다는 측면에서 그의 과는 결코 가볍지 않다. 평생을 살면서 한 방향으로 살아간 올 곧음에 미치지 못했음이다. 3·1혁명 100주년을 맞아 정미면 출신의 이종린을 조명하면서 무거운 마음을 거둘 수 없는 것은 바로 이런 연유에서 오는 감정일 것이다.

---

55 『한민족문화백과』.

경성고보를 대표하여 3·1혁명에 참여한 당진출신 박쾌인

박쾌인(朴快仁)은 1898년 생으로 당진면 읍내리 54번지에서 태어났다. 박쾌인의 본적지인 당진면 읍내리 54번지는 현재 당진1동 사무소 주변으로 당진경찰서가 있던 곳이다. 박쾌인에 대해서는 조선총독부 기록에 자세히 남아 있는데 3·1혁명 당시 당진에서 경성에 유학 온 재경 유학생이었다. 박쾌인이 당진면 읍내리 출신이라는 점을 감안할 때 당진공립보통학교 출신일 가능성이 있지만 1916~1917년 당진보통학교 출신 졸업명부에서 박쾌인은 확인되지 않았다. 이것으로 보아 박쾌인은 일찍부터 유학하여 공립보통학교에 다녔을 가능성도 있다. 또 한편으로는 외지에서 이사하여 와 살았을 가능성도 있다.

박쾌인이 다녔던 경성고보는 구한말 설립된 관립중학교로 일제가 조선인 교육을 외면하면서 당시에는 조선인을 위한 최고의 교육기관 중 하나였다. 이렇게 경성고보의 재학생이던 박쾌인은 당진에서 경기고보에 들어갔다는 것만으로도 당시 당진에서는 장래가 촉망되던 학생으로 알려져 있었을 것이다. 박쾌인의 당시 나이는 22세로 경성고등보통학교 3학년에 재학하고 있었다. 22살의 나이에 경성고보를 다녔던 것이 지금 기준으로 보면 너무 늦게 학교를 다녔던 것이 아닌가 하는 생각이 들 수도 있겠지만 일제

박쾌인의 모습 경성고보 독립만세운동의 핵심 주동자로 체포되어 서대문 형무소에 수감된 당시 모습

강점 시기에는 대부분의 고등보통학교 학생들은 20세를 전후한 나이였다. 오늘날의 대학생과 비슷한 정도였던 것이다.

박쾌인은 경성고보를 다니면서 학비는 매월 아버지로부터 15원을 송금 받아 경성 송현동 56번지에서 하숙하였다.[56] 이것으로 보아 박쾌인은 경성고보를 다니면서 학업에만 전념할 수 있는 여건을 갖추고 있던 부유한 가정의 유학생이었음을 짐작할 수 있다. 또한 박쾌인의 아버지는 당진에서 일정한 정도의 재력을 갖추고 있었고, 자식의 교육에 상당히 신경을

---

56 『韓民族獨立運動史資料集』16, 3·1독립시위 관련자 예심조서, 박쾌인 신문조서.

쓰고 살았던 지역 유지였을 것으로 짐작할 수 있다.
이러한 사실은 박쾌인의 아버지가 경성에서 3·1혁
명이 일어났다는 소식을 듣고 곧바로 상경하여 박쾌
인을 데리고 당진으로 귀향한 것을 통해서도 확인할
수 있다. 일제의 박쾌인 신문조서에 의하면 박쾌인은
3월1일 탑골 공원에서 벌어진 3·1만세운동에 참여
하여 시위대와 함께 경성시내에서 만세를 불렀다고
진술하고 있다.[57] 그리고 이러한 사실을 3월4일 상경
한 아버지에게 말하였다. 아들이 위험할 수 있겠다는
생각으로 상경한 아버지로서는 이 말을 듣고 자식의
장래가 걱정되었는지 박쾌인을 당장 귀향시키려 하
였다. 그렇게 박쾌인은 아버지에 이끌려 다음날인 3
월5일 당진으로 귀향하였다. 그만큼 박쾌인의 아버
지는 신속하게 정보를 수집하고 접할 수 있는 위치에
있었고, 즉각 경성에 달려갈 정도로 경제적인 여유도
있었다고 볼 수 있다.

아버지의 뜻에 따라 당진으로 귀향해 있던 박쾌
인은 아버지의 바람과는 달리 한 달 만에 다시 경성
에 가게 된다. 박쾌인이 3·1혁명과 관련되었다는 사
실을 알고 일제경찰이 체포한 것이다. 박쾌인의 체포
는 그가 귀향한 이후 한 달 가량이 지난 4월2일의 일

57　『韓民族獨立運動史資料集』16, 3·1독립시위 관련자
　　예심조서, 박쾌인 신문조서.

이었다. 박쾌인이 귀향한 이후 어떤 활동을 했는지는 명확하지 않다. 일제의 신문조서에 의하면 박쾌인은 아버지에 이끌려 귀향한 이후 오르지 집에만 머물러 있었고, 주변사람들이 집에 찾아와 경성에서 벌어진 3·1만세운동에 관해 물었지만 집이 당진경찰서 옆에 있어 당진경찰서장으로부터 직접 감시를 당하고 있었기 때문에 아무런 활동도 할 수 없었다고 발뺌하였다. 하지만 박쾌인의 이러한 진술은 당시 당진 사람들이 얼마나 3·1만세운동에 관심을 갖고 있었는지 알 수 있게 하는 동시에 많은 사람들에게 영향을 미쳤을 것이란 점에서 믿을 수 없다. 오히려 처벌을 눈앞에 두고 자신이 3·1혁명 과정에서 어떤 역할을 하였는지 고분고분 진술할 사람이 세상에 없을 것이기 때문에 이러한 진술은 일제 경찰에 체포된 자신을 보호하기 위한 거짓 진술일 것으로 보는 것이 합리적이다.

박쾌인은 체포된 이후 조사과정에서 3월1일 독립만세운동에 참석한 것은 모두 인정하였다. 하지만 곧바로 아버지가 상경하여 귀향하였다고 진술하였다. 마치 우연하고 단순하게 일회성으로 집회에 참석하였다는 주장이다. 박쾌인의 이런 진술대로라면 아무리 악독한 일제 경찰이라고 해도 훈방해야 마땅하다. 그러나 일제경찰이 귀향해 있던 그를 체포해 경성으로 압송했던 이유는 그렇게 간단하지 않았다. 박쾌인이 3·1혁명에 연루된 혐의가 구체적으로 포착되었던 것이다. 그러면서 박쾌인에게 당진에서의 활동에 대해 집중 추궁했던 것은 3·1혁명에 가담한 학생조직의 주요 주동자 중 하나인 박쾌인이 귀향한 이후 당진지역의 독립만세운동에서 어떤 역할을 하였거나 영향을 미쳤는지를 확인하기 위해서였던 것이다.

박쾌인이 일제에 체포된 진짜 이유는 3·1혁명의 또 다른 주역이던 학생조직 활동에 박쾌인이 경성고보를 대표하여 참가한 주동자라는 사실이 밝혀졌기 때문이다. 학생조직은 3월1일 탑골공원 독립선언식에 학생들을 동원하는 역할을 담당하였지만 3월 5일에는 오늘날의 서울역인 남대문역 독립만세운동을 별도로 조직하였다. 3월5일 남대문역 독립만세운동은 3·1혁명 당시 경성에서 벌어진 만세운동 중 가장 대규모였으며, 격렬하게 전개된 독립만세운동으로 기록되고 있다. 이렇게 대규모 독립만세운동이 학생들에 의해 벌어지게 되자 일제 당국은 관련자들인 학생들을 닥치는 대로 잡아들였다. 어찌나 많은 학생들을 잡아들였는지 만세운동현장에 함께 있었다는 진술만 있으면 일시적이고 우연히 참여했던 학생들까지 가리지 않고 체포하였다. 요즘으로 치면 훈계하여 방면할 대상에 불과했던 일시적 참여자들까지 잡아들여 처벌했던 이유는 학생들에게 공포심을 심어주어 독립만세운동이 확대하지 않도록 하겠다는 단기적 목적이 있었고, 장기적으로는 학생들로 하여금 다시는 독립운동에 나서지 못하게 할 목적에서 이루어진 가혹한 조치였다. 이러한 일제의 잔혹한 탄압은 상당한 성과를 거두어 실제로 수많은 학생들이 3·1혁명에 참여한 이후 조사과정에서 스스로 자기 검열을 통해 순화된 삶을 살겠다고 약속하였고 이후에도 그렇게 살았다. 반면에 일제의 이런 악랄한 탄압에도 불구하고 수많은 학생들이 3·1혁명을 통해 얻은 체험으로 평생을 독립운동에 매진한 경우도 많았다. 우리가 알고 있는 수많은 독립운동가들이 1900년을 전후한 세대였던 것은 바로 이들이 3·1혁명을 체험한 세대였기 때문이다.

결과적으로 이렇게 많은 학생들을 잡아들여 모진 고문을 가했으니 박쾌인이 학생조직에서 주도적인 역할을 하였다는 사실을 파악하는 것은 그다지 어려운 일이 아니었을 것이다. 박쾌인이 어떤 역할을 하였는지는 경성고보 친구인 박노영의 신문조서에서 확인할 수 있다. 친구들과 함께 독립만세운동을 독려하는 유인물을 제작하여 배포하다 체포된 박노영은 박쾌인이 김백평과 함께 경성고보의 중심 인물이란 사실을 자백하였다.[58] 결국 박쾌인이 경성고보 학생

58 『韓民族獨立運動史資料集』16, 3·1독립시위 관련자 예심조서, 박로영 신문조서.

조직의 주요 책임자였음이 밝혀지면서 4월2일에는 당진에 귀향해 있던 박쾌인을 체포하게 되었던 것이다.

일제에 체포된 박쾌인은 곧바로 종로경찰서로 압송되었다. 박쾌인을 조사한 일제의 신문조서에는 박쾌인이 3·1혁명에 참여하게 된 과정과 활동내용을 비교적 상세하게 기록해 놓았다. 박쾌인은 신문조서에서 일제 검사가 경성고보의 학생대표인 김백평과의 관계를 묻는 질문을 하자 그 관계를 모른다고 부인하였다. 하지만 김원벽, 김백평, 박노영, 장채극 등과 함께 활동하면서 조선 독립의 필요성을 주변 학생들에게 전파하는 역할을 수행하였음이 진술 과정에서 드러났다.[59] 처음에는 단순참여에 불과하다고 버텼지만 결국 모든 것을 털어놓게 된 것이다. 그 과정에서 모진 고문이나 회유가 뒤따랐음은 불을 보듯 뻔한 일이다.

일제의 신문조서에 따르면 경성고보 3학년이던 박쾌인은 학생조직에서 활동하게 된 시기를 1919년 2월10일경부터였다고 진술하였다. 박쾌인은 보성고등보통학교 학생인 장채극을 만나면서 학생조직에 참가하게 되었다. 장채극이 독립운동을 위해 함께 할 사상가를 찾던 중 박쾌인과 같은 하숙집에 있던

59　『韓民族獨立運動史資料集』16, 3·1독립시위 관련자 예심조서, 박쾌인 신문조서.

김철수(金哲秀, 보성고등보통학교 4년생)를 통해 박쾌인을 만나게 되었다. 장채극은 박쾌인을 만나 "요즘 파리 강화담판에서 민족자결주의가 주창되고 있으며, 여하한 약소국이라도 독립을 할 수 있다는 것이 신문지상에도 나오고 있으니 그것을 믿지 않으면 안 된다.......시위운동을 하고 독립을 하지 않으면 안 되니 거기에 참가하는 것이 필요하다"[60]는 말로 박쾌인에게 독립운동에 함께할 것을 권유하였다. 박쾌인은 이 말을 듣고 공감하여 독립운동에 참가하게 되었고, 경성고보의 학생대표인 김백평, 박노영을 만나고 승동교회에서 학생대표인 세브란스의전 김원벽을 만나게 되면서 3·1혁명에 적극 가담하게 되었다고 진술하였다.[61] 박쾌인을 학생조직으로 이끈 장채극은 박쾌인과 같은 1898생으로 후일 서울파 사회주의 그룹의 핵심 활동가가 되었던 인물이고, 김백평은 경기고보 4학년으로 경기고보 학생조직의 대표 역할을 하였으며, 박노영은 박쾌인과 같은 3학년이었다.

일제가 밝혀낸 학생조직의 실체는 방대했다. 경성시내의 전문대생을 비롯해 고등보통학교 학생들로

60　『韓民族獨立運動史資料集』16, 3·1독립시위 관련자 예심조서, 박쾌인 신문조서.

61　『韓民族獨立運動史資料集』16, 3·1독립시위 관련자 예심조서, 박쾌인 신문조서.

구성된 학생조직이었다. 이들 식민지 조선의 학생들
은 1919년 초 형성된 국제정세의 변화 속에 조선이
독립해야 한다는 능동적인 의지를 모아냈고 조직을
형성하였던 것이다. 학생들은 제1차 세계대전 이후
국제정세의 변화 속에서 파리강화회의에 조선독립의
의지를 전달하기 위해서는 독립선언과 전국적인 투
쟁이 필요하다는 사실을 인식하고 공감하였다. 이때
전면에 나섰던 것이 전문대생이었고, 전문대생들은
지방 출신으로 경성에 하숙하고 있던 하숙생이나 자
신의 출신 고등보통학교 후배를 조직하는 방식으로
조직을 확대하였다. 학생조직은 보성법률상업학교
의 강기덕, 연희전문학교 김원벽, 경성의학진문학교
한위건 등이 중심이 되어 조직을 이끌었고 만세운동
을 주도했다. 이들 학생조직은 천도교와 기독교, 불
교 등 민족대표 33인이 준비하는 독립운동과는 별도
로 독립선언과 만세운동을 준비하였다. 실제로 보성
법률상업학교 졸업생 주익이 작성한 독립선언서를 2
월20일경 인쇄하여 배포할 계획을 세우고 있었다.[62]
그런데 기독교계의 박희도를 통해 종교계에서 통합
이 이루어져 민족 전체적인 차원에서 대규모로 독립
선언과 만세운동을 벌이기로 했으니 학생단체에서

---

62 『韓民族獨立運動史資料集』12, 3·1독립시위 관련자
    신문조서(고등법원) 김원벽 신문조서.

별도로 하지 말고 함께 독립운동을 하자는 제안을 받게 되었다.[63] 학생들은 별반 고민없이 민족적 대의를 알리는데 힘을 합치기로 하고 종교계가 준비하는 독립운동에 합류하였다. 마침내 종교계와 학생들이 참여한 거족적인 3·1독립선언 지도부가 구축된 것이다. 3월1일 독립만세운동에서 학생조직이 담당한 역할은 각국 영사관에 『독립선언서』를 전달하고 전국 각지에 『조선독립신문』을 전달하는 임무와 함께 군중 동원을 책임졌다. 또한 학생조직은 조선의 독립이 일회성 만세운동을 통해 해결될 수 없다는 것을 알았기 때문에 독립만세운동 계획을 일회성으로 그칠 것을 우려해 3월1일, 5일을 거사일로 정하고 학생 지휘부도 2선까지 꾸려놓았다. 1선이 체포되면 2선이 맡아 거리 만세운동을 이어간다는 계획이었다.[64]

박쾌인은 이러한 학생조직에서 김백평, 박노영과 함께 경성고보를 대표하여 참여하였다. 2월 초부터 활동하기 시작한 박쾌인은 3·1만세운동이 열리던 날 경성고보 학생들을 탑골공원으로 참여하게 하는 역할을 담당하였다. 그리고 경성시내를 돌며 3·1

---

63 『韓民族獨立運動史資料集』12, 3·1독립시위 관련자 신문조서(고등법원) 김원벽 신문조서.

64 『韓民族獨立運動史資料集』12, 3·1독립시위 관련자 訊問調書(고등법원) 김원벽 신문조서.

만세운동에 참여하였다. 하지만 박쾌인은 독립선언
서를 배포하였다던가, 3월5일 남대문역 만세운동에
참여 여부는 완강하게 부인하였다. 여러 정황으로 보
아 경성고보의 주요 활동가였던 박쾌인이 경성시내
학생들이 배포하였던 독립선언서의 배포와 남대문역
만세운동에 참여하지 않았다는 것은 쉽게 이해하기
어렵다. 아무래도 사실관계를 부인함으로써 책임을
면하고자 하는 뜻이 컸던 것으로 보인다.

　　박쾌인의 사회의식 정도 역시 조선총독부 신문
조서로 남아 있다. 박쾌인은 "독립운동이란 어떤 것
을 말하는가"라는 일제 검사의 물음에 "조선이 일본
으로부터 떨어져 별도의 정치를 하도록 하는 것을 말
하는 것이다"라고 분명히 답하였다. "그렇다면 독립
선언을 하고 만세를 부르면서 다니는 것이 그 독립운
동인가"라는 물음에 "당시 강화담판으로 민족자결주
의가 창도되어 愛蘭(아일랜드) 波蘭(폴란드)가 모두 그
주의에 의해 독립하려 하고 있었다. 그래서 우리 조
선도 불쌍한 상태에 있으므로 심혈을 기울여 발표하
면 강화회의에서도 이것을 인정해 줄 것으로 생각하
고, 그 방법으로서 독립선언을 하고 만세를 부르며
독립의 희망을 발표하고 또 한편으로 시위운동을 하
고 있는 것이다"라고 하여 3·1혁명을 주도했던 당시
의 주도세력의 입장을 정확히 이해하고 있었다. 이어
서 "장래에도 독립운동을 할 작정인가"를 묻는 질문

에 "장래 독립할 시기가 오면 또 운동할 작정이다" 라고 분명히 말하였다.[65]

이상을 종합하여 보면 박쾌인은 3·1혁명 주도세력의 하나였던 학생조직에 가담하여 참여한 의식적 참여자였고, 이후에도 독립운동을 계속하겠다는 의지를 가진 사회적 의식이 높은 청년학생이었음을 알 수 있다.

조선이 식민지로 전락한 이후 9년 만에 터진 3·1혁명은 수많은 청년학생들을 각성하게 했다. 많은 청년학생들이 3·1혁명에 참여했고, 당진출신의 경성 유학생 박쾌인 또한 3·1혁명에 주체적으로 참여하였다. 이는 나라 잃은 식민지 청년학생에게 부과된 당연한 의무로 여겼다는 뜻이고, 박쾌인을 비롯한 수많은 청년학생들이 이를 수용하였다는 뜻이다. 하지만 일제 당국의 입장에서는 박쾌인과 같은 부류의 청년학생들은 위험하기 이를 데 없는 불온한 사상을 가진 '불량선인'으로 여겨졌을 뿐이다. 이에 따라 일제는 박쾌인이 3·1혁명에서 만세를 부르고 학생조직을 통해 독립선언서를 군중에게 나누어 준 행위가 보안법 및 출판법을 위반했다고 하여 구속하였다. 재판 결과 이 사건으로 함께 구속된 김형기, 윤자영

65　『韓民族獨立運動史資料集』16, 3·1독립시위 관련자 예심조서, 박쾌인 신문조서.

는 징역 1년, 김백평, 장기욱 등은 징역 10월, 박쾌인도 김철환, 박인옥과 함께 징역 8월을 선고받았다.[66] 그 결과 박쾌인은 8월의 징역과 120일의 미결 구금 기간을 합하여 1년 1개월이 넘는 기간을 서대문 형무소에서 보내야만 했다. 이후 만기 출소한 박쾌인은 당진으로 귀향하였다. 하지만 서대문 형무소에서 출감한 이후 박쾌인이 독립운동에 투신했던 것 같지는 않다. 이는 일제의 신문조서에서 밝혔던 "장래 독립할 시기가 오면 또 운동할 작정이다"라고 했던 결의와는 다른 행보였다.

당진으로 귀향한 박쾌인의 행적에 대해서는 '출감 후 당진으로 내려와 당진객사(당진공립보통학교)에서 학생들을 교육하다가 당진향교 명륜당으로 이동하여 다시 후진 양성에 노력하였다'는 주장이 있지만 그의 행적에 대한 정확한 기록이나 증언으로 확인되지 않고 있다. 심지어는 박쾌인이 당진에 살았다는 존재 자체를 알 수 있는 증언도 없다. 일제강점기 당진면 읍내리는 매우 작은 마을에 불과하여 당진면에 살았다면 활동 여부와 관계없이 그의 행적에 대해 증

---

66 『매일신보』, 1919년 11월 08일 3면 "前無後無한 大判決, 240명을 한 번에 언도해, 피고의 대부분은 모조리 학생": 국가기록원, 경성지방법원 판결문, 김형기 외 24인.

언할 사람이 나왔을 것이다. 하지만 일제강점기 당진 읍내에 살았던 생존자를 추적하여 박쾌인을 알아보았지만 그를 기억하는 사람은 없었다. 이는 박쾌인이 당진에 살지 않았거나 눈에 띄는 활동은 하지 않았을 가능성이 크다는 의미로 해석할 수 있다.

그런데 2007년 남북이산가족 찾기 사업을 통해 박쾌인의 행적을 알 수 있는 단서가 나왔다. 2007년 7월16일자 『매일경제』 기사에는 북한의 박명규가 당진면 읍내리에 살고 있던 부모형제를 만나기 위해 이산가족 상봉 신청을 하였다고 보도했다. 박명규는 박쾌인의 아들이었고, 당시 서울대학교 사범대학 학생이었는데 월북하여 살고 있다가 2007년에 이르러 이산가족 상봉 신청을 한 것이다. 박명규가 신청한 기록을 보면 박쾌인은 3년 연하의 이기월과 결혼하여 4남1녀의 자녀를 두고 있었다. 또한 박명규가 가족과 헤어지기 전 주소가 당진면 읍내리로 되어 있었다. 이것은 박쾌인이 최소한 1945년 해방 이후까지 당진면 읍내리에 살고 있었다는 것을 의미한다. 이로써 박쾌인이 당진에 귀향하여 살았던 것은 확인할 수 있게 되었다. 그러나 박쾌인은 당진에 거주하면서도 일제강점기와 해방정국을 거치는 동안 행적을 알 수 없을 정도로 사회활동에 소극적이었다. 이런 박쾌인은 1950년 사망하였다. 그의 무덤은 천주교 용인 공원묘원에 있다. 대한민국 정부는 박쾌인의 공훈을 기려

1993년 건국훈장 애족장을 추서하였다. 그의 모교인 경기고등학교에서는 2007년 10월 2일 명예졸업장을 수여하였다.

　이상에서 살펴 본대로 박쾌인은 3·1혁명에 주체적으로 참여한 청년학생이었다. 비록 나이 어린 학생이었지만 박쾌인은 암울했던 식민지에서 벗어나고자 독립운동에 참여하여 당당하게 조국의 독립을 외쳤다. 이러한 학생운동의 자주독립 정신은 오늘날까지 이어져 사회변혁 운동으로 우리 사회를 진일보하는데 역할을 하였다. 이런 측면에서 보았을 때 박쾌인은 학생운동의 깨어 있는 청년학생이었고, 자주독립 쟁취라는 3·1혁명 정신을 빛낸 인물이라 할 만하다. 그리고 당진출신 독립운동가로 기억할 만한 인물이다.

3·1혁명 현장을 지휘했던 면천면 출신 배재고보 학생 고희준

고희준은 1897년생으로 1919년 3·1혁명 당시 23살의 청년이었다. 고희준은 면천면 자개리40번지 출신이다. 고희준은 어려서 성봉으로 불렸다가 희준으로 개명하였다. 고희준은 면천에서 태어나 자랐으며 1908년까지 사립 면양학교에 다녔다. 면양학교는 1907년 9월 면천군수 박지양과 이두영, 유석록 등 면천의 유지들이 민족교육운동의 일환으로 면천 읍내리(현재 성상리)에 설립한 사립학교였다. 면양학교는 1911년 면천공립보통학교가 생기면서 면천공립보통학교로 흡수되었고 학생들도 면천공립보통학교에 편입되었다. 이렇듯 고희준이 정상적으로 면양학교에 다녔다면 면천공립보통학교로 편입하여 졸업하였겠지만 면양학교에 다니던 고희준은 무슨 이유인지 면양학교를 퇴학한 후 한문 사숙을 했다고 한다.[67] 그 후 1916년 경성에 유학하여 5년제 배재고등보통학교에 입학하였고, 3·1혁명 당시 3학년에 재학 중이었다.

배재고보 학적부에는 입학 당시 고희준에 관한 신상 정보가 기록되어 있다. 이 학적부 기록은 고희

---

67 고희준 사위 전용기 증언(2018.6.27.).

준이 직접 작성하였거나 고희준의 진술을 듣고 작성한 기록이기 때문에 사료적 가치가 높다. 우선 1906년(명치39) 4월에 면천사립학교에 입학하였고, 1908년 3월에 사적인 이유로 퇴학한 것으로 기록하였다. 면천에 사립학교라 하면 면양학교를 이르는 것이다. 공식적으로는 면양학교의 개교가 1907년 9월이었지만 실제로는 1906년 시점에서도 운영되고 있었을 가능성이 높다. 그리고 1910년 3월까지 한문사숙을 수료했다고 기록하고 있다.

고희준은 그후 배재고보에 입학하였는데 입학보증인이 김찬기와 이계태로 되어 있다. 또한 김찬기, 이계태와의 관계를 친척으로 기록하였다. 이들이 실제로 고희준과 친척관계인지 확인할 길은 없지만 이계태는 3·1혁명 과정에서 고희준의 신문조서에 나오는 인물이다. 이것으로 보아 이계태는 배재고보의 교사일 가능성이 높다. 그리고 고희준을 입학 보증한 것은 학교에서 학생을 선발하면서 관행적으로 기록했던 것일 가능성이 높지만 김찬기에 대해서는 어떤 인물이었는지 알 수 없다.

이렇게 경성에 유학중이던 고희준은 마침 경성에서 3·1혁명이 일어나자 3·1혁명에 적극 참여하게 되었다. 그러던 중 3월23일 단성사 앞에서 일제 경찰에 체포되어 출판법 및 보안법 위반으로 징역8월을 선고받고 서대문형무소에 수감되었다.

고희준이 3·1혁명에 참여했던 사실은 조선총독부 기록을 통해 자세히 확인할 수 있다. 일제의 기록에 의하면 고희준이 일제경찰에 체포된 것은 1919년 3월23일 단성사 앞에서였다. 일제 순사 귀두의이(鬼頭義二)는 고희준을 체포하고 종로경찰서장에게 동행보고를 하였는데 고희준이 돈의동 단성사 앞에서 "군중 약 2·3백명에게 조선독립만세를 부르도록 자기가 가지고 있던 손수건을 흔들면서 지휘하고 있던 자"[68]였기에 체포하였다고 보고 하였다. 이것으로 보아 고희준은 1919년 3월23일 단성사 앞에서 단순하게 만세운동에 참여하여 만세를 부른 정도가 아니라

68　『韓民族獨立運動史資料集』13, 3·1 독립선언 관련자 신문조서(일반 시위자 조서), 고희준에 관한 건.

군중들에게 독립만세를 부르도록 적극적으로 독려하고 만세운동을 지휘하다 현장에서 현행범으로 체포되었다는 것을 알 수 있다.

종로경찰서에 연행된 고희준은 다음날 바로 일제경찰의 조사를 받게 된다. 이 조사과정에서 고희준은 "어제(3월23일) 밤 10시경에 극장 단성사 앞 도로에 군중이 약 2·300명 있었다. 그때 나는 내가 가지고 있던 손수건을 높이 흔들면서 군중을 향하여 조선독립만세를 부르도록 지휘했다"고 만세운동에 참여하여 군중을 향해 만세를 부르도록 주도적인 역할을 했던 사실을 모두 인정하였다.[69] 이렇게 고희준에 대한 혐의를 확인한 일제경찰은 군중을 선동하기 위해 흔들었다는 손수건을 압수한 후 고희준이 3·1혁명 과정에서 다른 중요한 역할을 하였는지를 확인하는 구체적인 수사를 시작하였다. 우선 단성사 인근에서 전차가 시위대의 돌팔매에 파손된 사실에 주목하여 고희준에게 돌을 던져 전차를 파손했는지를 물었다. 그리고 배재고보생들이 관여한 정동교회 유인물 배포 사건에 고희준이 관련되었는지도 추궁하였다. 하지만 고희준은 열차에 돌을 던지지 않았고, 배재고보 학생들이 관여한 정동교회에서 인쇄한 유인물을 배

69　『韓民族獨立運動史資料集』13, 3·1 독립선언 관련자 신문조서(일반 시위자 조서), 고희준에 관한 건.

포하는 과정에 관여하지 않았다고 모두 부인하였다.

일제 경찰이 고희준에게 이런 사실을 확인했던 이유는 3·1혁명에 참여한 시위대가 일제에 항의하는 뜻으로 관공서에 돌을 던져 유리창을 깨고 전동차에 돌을 던쳐 전동차를 파손하는 일이 많았기 때문이다. 이에 대해 일제는 3·1혁명 과정에서 기물을 파손한 경우에는 혐의자를 찾아 엄하게 처벌하였다. 또한 배재고보의 교사와 학생들이 주도하였던 정동교회 유인물 배포 사건은 3·1혁명 과정에서 매우 중요한 역할을 한 사건이다. 그래서 일제 경찰은 배재고보에 다니고 있던 고희준이 이와 관련이 있었을 것으로 보고 처벌하기 위해서 물었던 것이다. 하지만 고희준은 일제 경찰이 어떤 의도로 자신에게 이런 사실을 확인하려 하는지 잘 알고 있었던 것 같다. 그래서 자신의 혐의를 적극적으로 부인하는 동시에 명백한 사실에 대해서만 혐의 사실을 순순히 인정하고 나머지는 가급적 축소하여 진술한 것으로 보인다.

일제는 3·1혁명에 가담한 고희준을 조사하여 그 결과를 신문조서로 남겼다. 일제가 고희준을 조사하여 밝혀낸 활동내용을 정리해 보면 다음과 같다. 먼저 3월1일의 행적인데 고희준은 3월1일 탑골공원에는 가지 않았지만 오전 오후 두 차례에 걸쳐 "오전 10시·11시경 종로통의 종각 부근에서 50명 가량의 사람이 만세를 부르고 있었으므로 이에 가담하여 만

세를 불렀고"[70], 오후2·3시에 광화문 앞에서 4·500
명의 군중을 만나 가담하여 서대문 밖에서 불란서 영
사관 앞을 지나 서소문정에서 대한문 앞으로 행진하
였다"[71]고 진술하였다. 3월2일에는 오후 2시경 "경
성부 광화문 광장에서 많은 군중이 만세를 불렀으므
로 그 속에 끼어 조선독립만세를 불렀다"[72]고 기록하
였다. 그런데 고희준의 3월1일 행적은 여러 가지 정
황상 3월2일의 행적을 혼동하여 진술하였거나 신문
조서에 기록하는 과정에서 착오로 날짜를 잘못 기재
한 것으로 보인다. 고희준의 예심 신문조서에는 3월
1일의 행적에 대해서는 적시하고 있지 않고, 3월2일
의 행적으로 기록되어 있다. 실제로 사실관계를 살펴
보아도 3월1일 경성 시내 독립만세운동 상황은 오후
2시에 탑골공원에 인파가 모여들어 독립선언서를 낭
독한 다음 독립만세를 부르기 시작하였다. 이후 탑골
공원에 모였던 군중들이 거리로 나오면서 본격적인
만세운동이 시작되었는데 이때부터 일제 당국도 경

70　『韓民族獨立運動史資料集』16, 3·1독립시위 관련자
　　예심조서, 고희준 신문조서.

71　『韓民族獨立運動史資料集』16, 3·1독립시위 관련자
　　예심조서, 고희준 신문조서.

72　『韓民族獨立運動史資料集』16, 3·1독립시위 관련자
　　예심조서, 고희준 신문조서.

성시내에서 3·1독립만세운동이 벌어지고 있다는 사실을 알게 되었다. 따라서 고희준이 3월1일 오전 10시·11시경 종로통 종각 부근에서 50명 가량의 사람이 만세를 부르고 있어 참여하였다는 것은 있을 수 없는 일이 된다. 그러므로 고희준의 3월1일 행적은 3월2일의 행적으로 보는 것이 맞다고 볼 것이고, 3월2일의 행적에 대해서 조사하는 과정에서 처음에는 오후 2시 만세운동에 참여했던 것만 인정했기 때문에 일제의 계속된 추궁으로 오전 10시 만세운동에도 참여했다는 사실을 인정하게 되었는데 이것을 신문조서에 기재하는 과정에서 날짜를 잘못 적시한 것으로 보는 것이 보다 더 사실에 부합하는 것으로 볼 수 있다.

이밖에도 고희준은 3월9일 인쇄물을 돌렸다는 사실도 인정하였는데 "3월8일 저녁 임창준으로부터 남았다고 하는 선언서 10매 및 시민대회의 인쇄물 10매를 받아 3월 9일에 종로통으로 가는 노상에서 통행인에게 배부했다"[73]는 사실이 확인되고, 체포된 3월23일에는 "밤 10시경에 극장 단성사 앞 도로에 군중이 약 2·300명 있어 가지고 있던 손수건을 높이 흔들면서 군중을 향하여 조선독립만세를 부르도록

---

73 『韓民族獨立運動史資料集』15, 3·1독립시위 관련자 신문조서(검사조서) 고희준 신문조서.

지휘했다"[74]는 것이 확인되었다.

　이상의 활동 내용은 독립을 염원하는 식민지 청년학생들이 할 수 있는 최소한의 행위에 불과한 것이었지만 일제에게는 단순 참여자라 해도 만세를 부른 것만 확인되면 크게 처벌하였던 점을 감안하면 고희준이 인정한 활동 내용은 중대한 범죄행위에 해당하는 것으로 보았을 것이다. 이러한 일제의 강압적 처벌 방침은 당시 독립운동에 참여하였다 체포된 당사자들은 대부분 알고 있었던 사실이고, 고희준도 어떻게든 자신의 혐의를 벗어나거나 최소한으로 축소하려 노력하였을 것이다. 대표적으로 3월23일 단성사 앞에서 손수건으로 만세운동을 지휘했던 이유를 묻는 검사에게 "본심이 아니라 음주의 결과로 본다"[75]고 한 것이 그 사례이다.

　하지만 고희준의 이러한 노력에도 불구하고 일제는 조사가 진행될수록 고희준에게 중대한 범죄 혐의를 뒤집어 씌웠다. 그리하여 경찰조사 과정에서는 밝혀지지 않았던 3월2일 오전 만세운동에 참여하였던 사실이 검찰 조서에는 기록되어 있다. 또한 고희

74　『韓民族獨立運動史資料集』13, 3·1 독립선언 관련자 신문조서(일반 시위자 조서), 고희준에 관한 건.

75　『韓民族獨立運動史資料集』15, 3·1독립시위 관련자 신문조서(검사조서) 고희준 신문조서.

준이 체포되었던 3월23일 단성사 앞 만세운동도 경
찰과 검찰 조서에서 기록된 2~3백명의 참여 인원도
예심 조서에서는 3~4백명 참여로 규모를 확대하여
기술하였다. 말 그대로 뻥튀기하듯이 혐의를 부풀렸
던 것이다. 이렇게 고희준의 혐의 내용을 확대했던
것은 어떻게든 강력한 처벌을 받도록하여 다시는 독
립운동에 나설 생각을 하지 못하도록 하겠다는 일제
당국의 의도를 엿 볼 수 있다.

　　고희준은 신문조서에 기록된 대로 3·1혁명에
적극적으로 참여하였다. 이렇게 고희준이 3·1혁명
에 적극 참여하게 되었던 요인으로 배재고보의 영향
을 들지 않을 수 없다. 당시 고희준은 배재고보 3학
년에 재학 중이었다. 배재고보는 1885년 미국 북감
리교 선교사 아펜젤러가 설립한 기독교계 사립학교
로 고종이 직접 인재를 배양하는 배재학당이라는 학
교명을 지어준 것으로 유명하다.[76] 배재고보는 1916
년 4월1일 5년제 고등보통학교로 인가 받았는데 이
때 고희준이 배재고보에 입학한 것이다. 배재고보는
기독교계 학교였으므로 교과과정에서 일정한 정도의
교리 수업을 진행했다고 한다. 신문조서의 진술에 의
하면 고희준은 종교를 믿지 않았다. 그렇지만 배재고

76　『한민족문화백과』.

보를 다닌 것으로 보아 일정하게 기독교에 대한 이해
는 있었을 것으로 보인다.

배재고보를 세운 북감리교 선교사인 아펜젤러
는 1885년에 정동교회도 세웠다. 정동에 배재고보
와 정동교회가 이웃해 있었던 것이다. 더욱이 정동교
회가 속한 북감리교는 3·1혁명에 적극적으로 참여
한 교파이기도 하다. 감리교계 특히 정동교회는 3·1
혁명을 준비하는 과정에서부터 담임 목사이던 이필
주 목사가 민족대표 33인으로 참여하여 기독교계의
실무적 업무를 전담하게 되었다. 이필주 목사는 원래
구한국군의 장교 출신 군인이었는데 경술국치 이후
기독교를 수용하고 목사가 된 인물이다. 목사가 되기
전에는 체육교사로 배재학당에서 학생을 가르치기도
했다. 이러한 관계가 3·1혁명 과정에서 이필주 목사
를 통해 정동교회와 배재고보를 연결시켜 주었던 것
으로 추정할 수 있다. 이렇게 정동교회와 밀접한 관
계에 있던 배재고보는 자연스럽게 많은 학생들과 교
사들이 이필주 목사와 연결되면서 3·1혁명에 참여
하게 되었던 것이다. 특히 한문교사이던 김진호는 배
재고보 기숙사 사감으로 근무하고 있었으므로 정동
교회 이필주 목사가 주도하던 기독교계 활동에 배재
고보 학생들을 연결시키는 고리 역할을 수행할 수 있
었다. 고희준 역시 이러한 관계 속에서 배재고보의
교사와 학생으로 자연스럽게 3·1혁명에 참여하게

되었던 것으로 보인다.

이상을 통해 고희준이 기독교계의 활동에 관여했다는 것이 분명해졌다. 기독교계의 활동은 평안도 지방의 이승훈 목사를 중심으로 한 활동과 경성의 박희도, 이갑성 등의 활동과는 별도로 이필주 목사와 김진호, 강매 교사가 중심이 된 정동교회와 배재고보 학생들로 구성된 활동이 별도로 있었던 것이 분명하다. 이들의 활동은 이필주 목사를 통해 받은 독립선언서를 각국 대사관에 전달하는 일과 경성시내에 배포하는 역할을 담당하였다. 이밖에도 독립선언서 외에 자체적으로 제작한 등사물을 경성시내에 배포하는 일도 하였다. 이 역할을 고희준을 비롯한 배재고보 학생 5~6명이 담당하였던 것이다. 정동교회에서 제작하여 배포한 등사물은 "조선국민과 학생이 분발하여 일어서는 것이 불법 행동인가"와 "시민대회"라는 제목의 등사물이었다. 이중 "시민대회"의 내용은 정동교회 전도사 김진호와 배재고보 한문교사인 강매가 작성한 것으로 "시민은 폐점철시하고 조선 독립운동을 해야 한다"는 파업을 선동하는 취지의 내용이 포함되어 있었다.[77] 일제의 입장에서는 독립을 청원하는 것에 국한한 활동을 하였던 기독교계에서 독립

---

77 『韓民族獨立運動史資料集』16, 3·1독립시위 관련자 예심조서, 김진호 신문조서.

선언서 보다 훨씬 과격한 주장의 등사물이 나오자 크게 놀랐다. 이런 내용의 등사물은 3월5일 학생들이 남대문역 학생독립만세운동에서 붉은 손수건을 흔들며 만세운동을 벌였던 것만큼이나 놀라운 일이었다.

고희준은 이러한 점을 고려하여 자신의 활동 내용에 대해 3월7일 임창준에게 단순히 등사물을 전달받았고, 이것을 3월9일 군중에게 나누어 주었을 뿐이라고 주장하였다. 따라서 정동교회와 배재고보 학생들의 활동에 고희준이 어느 정도 깊숙하게 관련되었었는지를 정확히 확인할 수는 없다. 다만 3·1혁명에서 정동교회나 배재고보 관계자들이 한 활동을 감안했을 때 고희준의 역할과 활동은 지금까지 알려진 것 이상의 결의와 활동이 있었을 가능성이 충분하다고 추정할 뿐이다.

앞에서 살펴 본대로 고희준의 활동은 나라를 되찾기 위한 식민지 청년의 당당한 독립운동이었지만 일제에게는 용납할 수 없는 범죄행위였다. 이에 대해 일제 조선총독부 검사 산택좌일랑(山澤佐一郎)은 고희준을 재판에 넘기면서 출판법과 보안법을 위반하였다는 활동 내용을 다음과 같이 적시하였다. "3월 2일 경성부 광화문 광장에서 군중과 같이 조선 독립만세를 불렀고, 동월 9일에는 조선은 독립되지 않으면 안 된다는 취지를 기재한 독립선언서라는 제목의 문서 및 시민은 폐점을 하고 소요하지 않으면 안 된다는

취지를 기재한 시민대회라는 제목의 문서를 각각 10
장을 임창준에게서 교부받아서 그것을 경성부 봉익
동의 노상에서 다수의 조선인에게 배부했고, 또 동월
23일에는 서울 수은동 단성사 앞에서 3·4백명의 군
중을 지휘하여 조선독립만세를 부르게 함으로써 치
안을 방해한 자이다."[78]

이로써 고희준은 3·1혁명 과정에서 한 활동
내용이 출판법과 보안법을 위반하였다는 죄목으로
1920년 2월27일 경성지방법원으로부터 징역 8월의
실형을 선고받았다.[79] 그러니 이미 선고된 징역 8월
형 보다 긴 기간을 복역하고 있었던 것이다. 이후 고
희준은 항소를 포기하고 2개월을 더 서대문 형무소
에서 복역하다 1920년 4월28일 출소하였다. 정확히
1년 1개월을 넘게 복역한 후였다. 고희준의 수형기
록을 보면 서대문형무소에서 출소하게 된 사유를 기
록하고 있는데 그 사유가 황당하게도 은면(恩免)이었
다. 은면이란 죄를 사면한다는 뜻인데 고희준에게 선
고된 8월의 징역형 보다 더 많은 1년 1개월 이상을

---

78 『韓民族獨立運動史資料集』16, 3·1독립시위 관련자
예심조서, 고희준 신문조서.

79 『매일신보』, 1919년 11월 08일 3면, "前無後無한 大
判決, 240명을 한 번에 언도해, 피고의 대부분은 모
조리 학생".

구속되어 있었던 점을 감안하면 황당하기 이르데 없는 이유이다. 이렇게 은면이란 이름으로 석방하였던 것은 일제가 얼마나 악랄하게 조선의 독립운동을 탄압했는지 알 수 있게 할 뿐만 아니라 얼마나 교활하게 수형제도를 운영하여 식민 통치를 유지하였는지 알 수 있게 한다.

　　서대문 형무소를 출소한 고희준은 다음 해인 1921년 배재고보에 복학하였다. 그리고 1922년 3월22일 배재고보를 졸업하였다. 고희준의 학교생활은 배재고보의 학적부를 통해 확인할 수 있다. 여기서 주목할 점은 고희준의 출결 사항이다. 고희준은 1학년 때 총 출석일 227일 중 8일의 결석을 제외하고 219일을 출석하였다. 2학년 때도 총 243일 중 239일을 출석하여 4일밖에 결석하지 않았다. 이러한 고희준의 출석율은 당시로서는 매우 우수한 편에 속한다고 할 수 있다. 초기 근대 교육이 도입된 시기였기에 학생들의 출석율이 높지 않았고, 입학한 학생이 졸업하지 못하고 퇴학하는 경우도 흔한 일이었다. 이런 점을 감안하면 고희준은 근대교육에 열의를 가지고 학교생활을 했다고 볼 수 있다. 그런데 3학년 때는 총 225일 중 147일을 출석하여 78일씩이나 결석하였고, 복학한 4학년 때는 총 238일 중 184일을 출석하여 54일을 결석하였던 것을 확인할 수 있다. 그중 3학년 때인 1918년에서 1919년에는 78일이나 결석한 것은 3·1혁명과 관련이 있었던 것은 아닐까 추측할 만하다. 2학년까지 학교생활에 충실했던 고희준이 갑자기 3학년이 되어서 결석이 많았던 것이 배재고보에서 독립운동과 관련하여 중요한 활동을 준비했던 때문이 아닐까 하는 것이다. 또한 4학년 때의 경우는 복학한 이후이기 때문에 한편으로는 학교생활에 그다지 흥미를 느끼지 못했던 것으로 볼 수도 있지만 1년 넘게 복역하면서 고문이나 수형생활로 인해 건강에 이상이 생겼기 때문으로 볼 수 있다.

배재고보를 졸업한 이후 고희준의 활동은 뚜렷하게 나타나지 않는다. 다만 면천에 뿌리를 두고 있던 고희준 일가가 면천 생활을 정리하여 경성으로 이주했다는 것이다. 고희준의 옛집은 지금도 그대로 남아 있다. 면천면 자개리40번지는 고희준 일가가 이사한 이후 두 차례 주인이 바뀌었다고 한다. 지금 살고 있는 홍씨네는 1920년대 고희준 일가가 김씨네에 집을 팔았고, 40년 전에 홍씨네가 이사하여 살고 있다고 말했다. 이것으로 보아 고희준 일가는 고희준이 서대문 형무소에서 출옥한 이후 곧바로 면천에서 가산을 정리하여 경성으로 이주한 것으로 보인다.

면천에서 이사하여 경성으로 간 고희준은 그 후 어떤 삶을 살았을까? 3·1혁명은 그 영향이 너무도 강렬하여 수많은 청년들에게 독립운동의 길을 걷게 하였다. 고희준 역시 20대 초반에 맞이했던 3·1혁명을 통해 인생을 좌우할 만큼 큰 경험을 하였을 것이다. 그러나 고희준이 출감 이후에 독립운동과 관련된 활동을 했다는 사실은 표면적으로 뚜렷하게 드러난 것이 없다. 고희준은 배재고보를 졸업하고 난 이후 결혼을 하였고 1926년 경성전기주식회사에서 전차 운전원으로 취업하여 근무하였다. 경성전기주식회사에 취업한 고희준은 1945년 8월까지 일제강점기 내내 전차 운전원으로 근무하면서 생계를 유지하였다. 겉으로 드러난 것은 평범한 일상이었다. 이렇게 전차 운전원으로 생계를 유지하는 동안 독립운동과 관련된 활동을 하였다는 사실은 확인하기 어렵다. 하지만 두 가지 점에서 고희준이 독립운동과 관련한 활동을 했을 가능성은 배제할 수 없다. 첫 번째 이유는 노동현장에서 전차 운전원으로 생활하였던 점이 사회주의 계열 독립운동과 연관지어 생각해 볼 수 있다는 점이다. 왜냐하면 일제강점기 사회주의 계열의 독립운동가들이 민족해방운동의 일환으로 노동운동을 활용하였기 때문이다. 하지만 고희준이 경성전기주식회사에 근무하면서 노동운동과 관련된 활동을 하였다는 사실은 확인할 수 없다.

두 번째는 특별한 것으로 고희준이 가정을 이루게 되면서 그의 장인이 유명한 독립운동가인 우당 이회영이라는 점이다. 이회영은 조선을 대표하는 명문가의 자제였지만 본인뿐만 아니라 여섯 형제들의 모든 재산을 처분하여 독립운동에 뛰어든 인물로 유명하다. 바로 고희준의 처가 이회영의 딸 이규남이다. 국정원장을 지낸 이종찬이 이회영의 손자이니 고희준은 이종찬의 고모부인 것이다. 이회영 여섯 형제가 만주로 이주하면서 이회영의 딸인 이규남은 국내에 남아 있었던 것이다. 이런 전후의 사정을 감안할 때 고희준이 경성에서 독립운동과 관련한 어떤 활동을 했던 것은 아닌지 추정해 볼 만한 일이다. 하지만 이를 증명할 증언이나 사료는 확인되지 않는다. 아무튼 고희준은 3·1혁명에 참여하였다가 일제에 검거되었던 경력 때문에 쉽게 취업하기 어려웠던 시대임을 감안하면 일제강점기에 나름대로 안정적인 직장생활을 하였던 것은 분명하다.

　해방 이후 한국전쟁까지 해방정국에서 고희준은 특별한 활동을 했던 기록은 없다. 해방 이후에도 여전히 서울에 살았던 것은 분명하다. 그러던 중 한국전쟁이 나면서 서울에서 벗어나 고향 면천에서 잠시 피난살이를 하였다. 면천에서의 피난살이는 고희준 일가뿐 아니라 처가 식구들까지 모두 함께 하였다고 한다. 면천에서의 피난살이는 9.28 수복 이후 끝났다. 다시 서울로 돌아간 고희준은 1951년 1월 사망하였다. 한국전쟁이 한창이던 1951년 이른바 1.4후퇴 도중에 일어난 일이었다. 사망 원인은 미군의 폭격 때문이었다. 피난길에 오른 고희준 일가는 안양에서 군포에 이르는 동안 수차례에 걸친 미군의 공격을 받았다고 한다. 안양에서 몇 차례의 폭격에서는 무사했지만 군포에서 다시 미군 폭격을 받았을 때 고희준은 폭격에 맞아 사망하였고 고희준의 가족들도 다수가 부상을 당하였다고 한다. 고희준이 1897년 생이었으니 활동을 왕성하게 할 50대 중반의 나이에 죽음을 맞은 것이다. 이보다 더 아깝고 허망한 죽음도 없었을 것이다. 고희준의 묘소는 대전 국립현충원에 있다. 아들 고석규의 오랜 노력 끝에 건국훈장 애족장을 받을 수 있었다.

이상에서 살펴 본대로 고희준은 3·1혁명에서 배재고보를 대표할 만큼 실천적인 활동을 벌였다. 이러한 실천적 활동을 통해 얻고자 했던 것은 식민지 조국의 자주독립과 해방이었다. 개인의 영달을 위한 노력을 더욱 중시하는 오늘날 본받아야 할 표상이 아닐 수 없다. 특히 그가 보여준 실천적 행동은 생각한 바를 말로써 그치지 않고 몸소 실천하였다는 점에서 귀감이라 할 수 있다. 고희준은 3·1혁명에 참여한 조선 민중 모두와 함께 3·1정신을 빛낸 인물이라 할 만하다.

3·1혁명을 지원하고 참여한 순성출신 강선필

강선필(姜善弼)은 1896년 순성면 성북리 478번지에서 태어났다. 순성면 성북리 478번지 일대는 성북리 중에서도 잣뒤라 불리는 마을로, 성북은 면천 몽산성 북쪽에 있다고 해서 붙여진 이름이다. 잣뒤에서 잣은 성을 이르는 순 우리말이고 성의 뒤에 있는 마을이라고 해서 잣뒤가 되었다. 잣뒤를 백치라고도 하는데 잣뒤를 한자로 표기할 수 없으니 훈차해서 백치(栢峙)라고 한 것이고, 성북리는 일제 때 행정구역을 정비하면서 붙여진 지명이다.

강성필이 태어난 순성면 성북리는 진주강씨들이 집성촌을 이루고 살아온 마을이다. 강선필은 근대 시기 면천에 공립보통학교가 생기면서 면천공립보통학교에 입학하여 4회 졸업생이 되었다. 강선필은 면천공립보통학교를 졸업하고 면천공립보통학교 졸업생 중 처음으로 경성고등보통학교에 진학한 인물이다. 경성고등보통학교에 진학한 강선필은 3·1혁명 당시 경성고등보통학교 3학년 학생으로 24살의 청년이었다. 근대 교육기관이 처음 생겨났던 초창기 때였다고 해도 24살의 나이에 경성고보 3학년생이었다면 강선필은 나이가 많은 편에 속했다. 하지만 늦은 나이에도 불구하고 일제 강점기에 당진에서 경성고보에 입학했다면 강선필에 대한 주변의 기대는 매우 컸

노년기의 강선필

었을 것으로 짐작된다.

강성필이 경성고보에 입학할 수 있었던 것은 공부를 잘했던 것뿐만 아니라 부친의 재력과도 관련이 있었을 것으로 보인다. 당시 강선필은 아버지가 순성에서 농장을 운영하여 경제적으로 부유한 편에 속했다. 농장의 규모도 원래는 2만원 정도였는데 매년 성장하여 1919년 당시에는 5만원 정도로 자산이 불어났다고 강선필은 진술하였다.[80]

강선필이 경성고보 3학년이던 1919년은 일대 격동기였다. 이때 자주독립을 요구하는 3·1혁명이 일어났고, 강선필도 3·1혁명에 참여하게 되었는데

---

80 『韓民族獨立運動史資料集』16, 3·1독립시위 관련자 예심조서, 강선필 신문조서.

이것이 문제가 되어 일제 경찰에 체포되기에 이르렀다. 강선필을 체포한 일제 경찰은 이때의 상황을 신문조서를 통해 자세히 기록하였다. 조선총독부 기록에 의하면 강선필은 1919년 3월1일 경성에서 일어난 독립만세운동에 참여하지 않았다고 진술하고 있다. 강선필은 3월1일 경성고보 동급생인 박노영이 고종의 장례행사인 국장 연습이 끝나는 대로 탑골공원으로 모이라는 말을 듣기는 했지만 3월1일 국장 구경을 위해 상경하기로 약속한 아버지를 배웅하기 위해 남대문역에 갔었기 때문에 참여할 수 없었다고 진술하였다. 그리고 남대문역에서 아버지를 기다리는 동안 경성시내를 돌며 만세를 부르던 시위대를 보았지만 아버지가 언제 경성에 올지 몰라 기다리는 중이라서 만세운동 대열에 합류하거나 만세를 부르지 않았다고 진술하였다. 또한 일제가 중요한 문제로 주목하였던 3월5일 남대문역 학생만세운동에 강선필이 참여하였는지를 추궁하는 신문에도 아버지가 상경하여 하숙집에 머물고 있었기 때문에 아버지 모르게 만세운동에 참여할 수 없었다고 진술하였다. 그리고 3월7일 아버지와 함께 고향으로 내려갔으므로 3·1혁명 과정에서 벌어진 독립만세운동에는 한 번도 참여하지 않았다고 진술하였다.

　　이상의 진술 내용만을 놓고 살펴보면 강선필이 경성에서 벌어진 만세운동에 적극적으로 가담하지 않았던 것은 분명한 사실로 보인다. 물론 강선필이 체포된 이후 처벌을 면하기 위해 자신의 혐의를 부인하는 진술을 하였을 가능성도 없지 않다. 하지만 보편적으로 3·1혁명에 참여하였던 20대 전후의 청년들이 진술한 신문조서를 보면, 조선 독립에 대한 자신의 입장을 분명히 밝히는 경우가 대부분이었다. 설령 자신의 책임을 면하고자 하는 경우라도 혐의를 축소하는 정도로 소극적인 진술을 하였지 독립만세운동에 참여하였거나 만세를 부른 사실까지 부인하는 경우는 없었다. 이런 점에 비추어 보면 강선필의 신문조서 기록은 강선필이 3·1독립만세운동에 참여하였지만 처벌을 피하려고 혐의 자체를 부인하는 진술을 한 것으로는 보기 어렵다. 일제 또한 이러한 점을 파악하였기에 강선필의 주장을 그대로 받아들였고, 강선필이 경성시내에서 전개된 만세운동에 가담하였는지 여부를 더 이상 추궁한 흔적이 없다. 이것으로 강선필은 1919년 3월1일 이후 경성에서 벌어진 독립만세운동에는 참여하거나 만세를 불렀던 사실은 없었던 것으로 볼 수 있다.

경성에서 3·1독립만세운동이 벌어졌지만 적극적으로 참여하지 않았던 강선필은 1919년 3월7일 아버지와 함께 고향인 당진 순성으로 돌아왔다. 이렇게 경성에서 순성으로 귀향한 것은 강선필의 뜻이라기보다 아버지의 뜻이었을 것으로 판단된다. 당시 경성에서 유학 중이던 많은 학생들은 일부를 제외하고는 대부분 자발적으로 귀향하였다. 이렇게 학생들이 고향으로 돌아갔던 것은 학교가 휴교하였던 점도 있었지만 자식의 안위를 걱정하는 부모들의 뜻에 따랐던 점이 더 컸다고 볼 수 있다. 많은 부모들은 경성에서 3·1혁명이 일어났고 유학생들이 만세운동에 가담하였다는 소식을 듣고 적극적으로 상경하였다. 부모들은 자식이 3·1혁명에 가담하였거나 가담할까 걱정하였다. 불안한 정국 속에서 경성에 있는 자식이 어떻게 될지 모르는데 자식을 데리고 귀향하는 것 말고는 다른 최선의 방책이 없다고 판단했을 것이다.

강선필의 경우는 마침 아버지가 고종의 장례식을 보기 위해 상경하였다. 강선필의 아버지는 경성에서 3·1혁명의 실체를 목격하였고, 독립을 요구하는 다수 학생들이 만세운동에 가담하거나 연행되는 모습도 목격하였을 것이다. 이 모습을 보고 독립의 필요성에 대해 공감하였는지 여부와는 관계없이 자식을 경성에 남겨두어서 생길 수 있는 일이 어떤 것인지 충분히 예측하였을 것이다. 이렇게 해서 강선필은 아버지와 함께 귀향하였다. 하지만 강선필 부친의 뜻과는 달리 강선필은 3월 중에 다시 경성으로 돌아갔다. 이번에도 본인의 뜻과 관계없이 일제 경찰에 체포되어 압송되었다. 강선필이 체포된 이유는 강선필의 친구들인 경성고등보통학교 박노영, 박수찬 등이 격문을 제작하여 배포하였는데 그 격문 제작 비용을 강선필이 제공하였다는 사실이 밝혀졌기 때문이었다.[81] 이들이 제작 배포한 격문의 내용은 독립사상을 고취하고 3·1혁명에 적극 가담할 것을 선동하는 내용이었다. 일제로서는 민감한 문제가 아닐 수 없었다. 일제 경찰은 즉각적으로 박노영과 박수찬 등을 체포하였다. 이들이 체포된 것은 3월8일의 일이다. 이를 감안해 볼 때 강선필의 체포 시기는 정확한 기록은 없지만 대략 3월 10일 이후였을 것으로 추정해 볼 수 있다.

박노영은 김백평, 박쾌인과 더불어 경성고보를 대표하여 3·1혁명을 주도했던 인물이다. 3·1혁명이 본격화되자 3·1혁명에 적극적으로 참여하고 있던 박노영은 독립의 필요성을 널리 알리고 적극적인 참여를 독려할 필요성을 느끼고 있었다. 마침 3월 3일까지 매일같이 경쟁적으로 나돌던 격문이 어찌된 일인지 3월 4~5일 사이에는 시중에서 볼 수가 없었다. 많은 사람들이 격문을 보고 3·1혁명에 참여하였고, 격문이 나오기를 기다리던 참이었다. 몇 일째 격문이 발행되지 않자 박노영은 자신이라도 나서 격문을 제

---

81 『韓民族獨立運動史資料集』16, 3·1독립시위 관련자
    예심조서, 박수찬 신문조서.

작하여 배포하기로 하였다.[82]

　박노영, 박수찬의 신문조서를 바탕으로 당시 상황을 정리해 보자면 사건은 다음과 같이 전개되었다. 주모자인 박노영은 우선 함께할 동지가 필요했다. 경성고보 같은 반 친구인 박수찬과 평소 알고 지내던 김세룡, 방재룡, 김한탁 등과 함께 상의하여 격문을 만들기로 했다. 다음은 격문이 문제였다. 모두 격문을 한 번도 써본 적이 없었고 문장에도 자신이 없었다. 그래서 박노영은 같은 함북출신의 선배인 경성의전 한위건에게 부탁하여 격문을 받았다. "동포여 일어서라!"는 제목으로 독립사상을 고취하는 내용과 독립을 위해 3·1혁명에 적극 참여해야 한다고 선동하는 내용의 격문이었다. 인쇄에 필요한 등사기는 김세룡이 유석우를 통해 한양교회에서 사용하던 등사기를 구해왔다. 그러나 격문을 인쇄할 종이가 문제였다. 종이가 귀했던 시대에 격문을 인쇄할 종이를 사기에는 고학생에 지나지 않았던 함경도 출신의 유학생으로서는 종이 값을 감당하기에는 역부족이었다. 이 자금을 강선필이 제공했던 것이다. 강선필은 가까이 지내던 박수찬을 통해 학생으로서는 거금인 10원을 전해 주었다. 강선필에게서 받은 자금으로 등사에

82　『韓民族獨立運動史資料集』16, 3·1독립시위 관련자 예심조서, 박노영 신문조서.

필요한 종이와 잉크를 산 청년들은 3월7일 김세룡의 집에 모였다. 밤이 늦도록 필사를 시작하여 등사를 끝마쳤을 때는 새벽녘이었다. 이렇게 제작된 격문은 총 800매였다. 제작된 격문은 다음날 김세룡, 박수찬 등에 의해 경성시내에 배포되었다.

3·1혁명 당시 경성시내에는 여러 종류의 격문이 배포되었다. 이렇게 배포된 격문은 중요한 역할을 하였다. 격문을 읽은 수많은 사람들이 격문을 통해 독립만세운동이 어떻게 진행되고 있는지 알 수 있었고, 격문을 통해 독립운동 소식을 공유하게 되었으며, 격문을 보고 만세운동에 참여하는 경우도 많았다. 뿐만 아니라 이렇게 유통되는 격문은 전국적으로 유포되어 만세운동이 전국으로 확산되는데 중요한 구실을 하였다. 따라서 일제의 입장에서는 격문을 제작하여 배포하는 행위를 가장 경계할 수밖에 없었다. 이른바 출판법을 위반했다는 이유로 격문을 제작하여 배포한 사람들에 대해서는 적극적으로 체포하고 탄압하였다. 박노영을 비롯한 강선필의 친구들도 마찬가지였다. 이들이 제작 배포한 "동포여 일어서라!"는 제목의 격문은 일제 입장에서는 결코 용인할 수 있는 정도가 아니었다. 일제는 박노영 등이 격문을 배포한 당일인 3월8일 격문을 배포하고 박수찬의 하숙집에 모여 휴식 중이던 박노영과 박수찬을 체포하였다.

이렇듯 박노영과 박수찬 등이 체포된 것은 단순한 만세운동 참여 정도의 문제가 아니라 격문을 제작하여 배포했다는 사실이었기 때문에 수사는 철저할 수밖에 없었다. 일제의 입장에서는 학생들이 배포한 격문이었지만 간단한 문제가 아니라고 판단하여 사건의 전말을 파헤치는데 주력하였고, 이로써 격문을 제작하고 배포한 과정이 모두 밝혀지게 되었다. 그리고 이 과정에서 강선필이 제공한 자금으로 격문이 제작되었다는 사실도 드러났다. 강선필이 이들에게 제공한 자금은 모두 10원이었다. 일제강점기 학생들에게 10원이란 매우 큰 돈이었다. 당시 경성에서 유학하던 학생들이 한 달을 생활비와 학비로 쓸 만큼 거액이었다. 함경도에서 유학 온 박수찬은 함경북도 도청에서 월 8원과 고향집에서 7·8원씩 받아 유학하고 있다고 했다.[83] 일제 경찰에 잡혀 온 강선필은 박수찬에게 제공한 10원은 격문을 제작하는데 쓰라고 준 돈이 아니라고 항변하였다. 아버지가 상경하여 학비로 쓰라고 돈을 주었지만 갑자기 귀향하게 되면서 경성에 있을 수 없게 된 전후 사정을 설명하고, 더 이상 사용할 수 없는 돈이라서 친구인 박노영과 박수찬이 식비도 제대로 내지 못하고 있는 딱한 사정을 알

---

83 『韓民族獨立運動史資料集』16, 3·1독립시위 관련자 예심조서, 박수찬 신문조서.

고 빌려 준 것이라고 변명했다.

이러한 강선필의 변명은 일제 경찰에게는 통하지 않았다. 일제 경찰은 강선필이 돈을 준 박수찬과 박수찬에게서 돈을 건네받은 박노영에 대해 강선필이 어떤 목적으로 거액을 주었는지 철저하게 조사하였다. 결국 강선필이 주장했던 형편이 어려운 친구에게 빌려주었다는 주장은 거짓으로 밝혀졌다. 박수찬은 신문조서에서 말하기를 강선필이 "신문이 최근 보이지 않는데 누가 인쇄하고 있는가? 또 그 돈은 어디서 나오는가? 하고 물었다"며 3월7일 "돈 10원을 주면서 박노영에게 전해주라고 하였고, 요즈음 신문이 발간된다는데 거기에 기부를 하고 싶다"는 뜻으로 돈을 건네주었다고 진술하였다.[84]

박노영도 박수찬이 돈을 주면서 "이 돈은 강선필으로부터 얻은 돈인데 그대가 인쇄를 한다든지 무엇인가를 하는데 사용하라면서 준 것이다"고 했다는 진술을 하였다. 박노영은 이렇게 받은 돈을 "2원은 원지대, 95전은 잉크대, 1원은 하숙에 지불하고, 1원은 박수찬에게 주고, 50전은 신태악에게 주고, 31전은 연초대 등에 소비하였고, 나머지가 4원 24전 있었

84　『韓民族獨立運動史資料集』16,3·1독립시위 관련자 예심조서, 박수찬 신문조서.

는데 압수되었다"[85]고 진술하였다.

이로써 강선필은 전혀 예상치 못하게 박노영 등과 함께 격문을 제작하여 배포한 공범이 되었다. 전후 과정을 살펴보면, 강선필의 입장에서는 처음부터 이러한 상황을 예상하고 자금 지원을 했던 것은 아니었다. 3·1혁명이 본격적으로 전개되고 있는 상황에서 많은 친구들이 만세운동에 참여하고 있는데 함께 참여하지 못하고 아버지와 함께 귀향하는 것이 매우 미안했던 것으로 판단된다. 이러한 미안한 마음과 함께 조선이 독립해야 한다는 자기 확신이 있었기에 강선필은 박노영 등에게 자금을 지원할 생각을 했던 것으로 볼 수 있다. 결과적으로 강선필의 자금 지원은 박노영 등이 격문을 제작하고 배포하는데 절대적인 역할을 하였다.

이렇듯 강선필은 3·1혁명에서 전개된 만세운동에 직접적으로 참여한 것은 아니었지만 격문 제작에 필요한 자금을 지원하는 것으로 독립운동에 기여하였다. 강선필이 이렇게 독립운동에 필요한 자금을 지원할 수 있었던 것은 강선필 스스로가 조선이 독립해야 한다는 생각을 가지고 있었고, 독립만세운동을 통해 독립선언을 널리 알려야 한다는 적극적인 생

85　『韓民族獨立運動史資料集』16, 3·1독립시위 관련자 예심조서, 박노영 신문조서.

각이 있었기에 가능했던 일이다. 이러한 사실은 강선 필과 박노영, 박수찬을 조사한 일제의 신문조서에서 충분히 확인할 수 있다. 박노영과 박수찬은 강선필이 자금을 제공한 이유에 대해 격문을 발행하는데 필요 한 자금이었다는 점을 분명히 밝혔다. 강선필도 격문 을 제작 배포한 이유가 무엇이라 생각하는지를 묻는 일제의 질문에 "조선을 독립시키기 위해 그런 인쇄물 을 발행하고 배포하는 것이라고 생각했다"[86]고 분명 하게 답변하였다.

이것으로 일제는 강선필이 제공한 자금을 독립 운동을 위한 목적으로 제공한 것으로 판단하였다. 그 리고 강선필에게 보안법 및 출판법 위반 혐의를 붙여 기소하였다. 재판에 넘겨진 강선필과 친구들은 일반 만세운동 참여자들과 비교하여 중대한 범죄자로 분 류되었다. 이러한 사실은 처벌받은 형량으로도 확인 할 수 있다. 이 사건의 주범에 해당하는 박노영이 받 은 징역2년의 형량은 3·1독립선언을 주도했던 민족 대표들과 비교해도 중형에 해당하는 형량이었다. 당 시 민족대표들 중에는 주동자에 해당하는 손병희나 이승훈 등 핵심인사들이 3년의 징역형을 받았을 뿐, 나머지 민족대표들은 참여 정도에 따라서는 학생인

---

86 『韓民族獨立運動史資料集』16,3·1독립시위 관련자 예심조서, 강선필 신문조서.

박노영의 형량에 미치지 못하는 경우도 많았다. 이런 점에 비추어 볼 때, 아직 20세에 지나지 않았고, 고등보통학교 3학년에 불과한 박노영에게 징역2년의 판결을 내렸다는 것은 이들이 제작하여 배포한 격문이 일제에게 얼마나 경계해야할 대상으로 판단하고 있었는지 알 수 있게 하는 대목이다. 따라서 함께 참여했던 양재순, 박수찬도 징역 1년 6월에 처해졌고, 김세룡, 김호준은 징역1년에 처해졌으며, 최사열, 김준희 역시 징역 8월에 처해졌다. 그리고 단순히 자금을 지원한 강선필과 교회에서 쓰던 등사기를 빌려준 유석우에 대해서까지 징역 6월에 집행유예 3년형이란 중형으로 탄압하였던 것이다.[87]

강선필이 3·1혁명에서 독립운동에 기여했던 일은 경성에서 그치지 않았다. 강선필은 아버지와 함께 귀향한 이후 고향에 있으면서 3월10일 면천에서 일어났던 면천공립보통학교 독립만세운동에도 일정한 역할을 한 것이다. 3·1혁명이 일어난 이후 경성에 유학해 있던 학생들은 대부분 귀향하였다. 이들 유학생들의 귀향은 3·1혁명을 전파하여 전국화하는데 큰 역할을 하였다. 강선필의 경우도 예외가 아니어서

---

87 『매일신보』, 1919년 11월 08일 3면 "前無後無한 大判決, 240명을 한 번에 언도해, 피고의 대부분은 모조리 학생".

고향으로 돌아온 이후 면천공립보통학교 만세운동에 관여하였다. 3·10 면천공립보통학교 학생 만세운동은 면천공립보통학교 4학년이던 원용은, 박창신, 이종원 등이 주도한 만세운동이었다. 이 만세운동을 주도한 원용은은 고종의 장례식에 참석하기 위해 경성에 갔다가 3·1혁명을 경험하였다. 장례식이 끝나고 귀향한 원용은은 박창신, 이종원 등과 함께 면천에서 만세운동을 계획하였다. 마침 면천공립보통학교 선배인 강선필이 귀향하자 원용은은 원규상을 통해 강선필에게 도움을 청하였다. 원규상은 성북리 유동 출신으로 강선필과는 고향 친구이자 면천공립보통학교 후배였다. 원규상을 통해 원용은의 요청을 받은 강선필은 자신이 경성에서 가지고 온 여러 정보를 제공하였다. 강선필이 원용은에게 제공한 정보 중에는 경성에서 불리어졌던 노래도 있었다. 이 노래를 면천공립보통학교 만세운동에서 '독립의 노래'라는 이름으로 등사하여 사용하였다.[88] 면천공립보통학교 학생들에게는 독립의 의지를 드러내기에 좋은 소재가 되었던 것이다.

이렇듯 강선필의 활동은 3·1혁명 과정에서 다

88　박상건, 「원용은의 3·1독립만세운동 거사록」(1977. 원춘희 증언), 『당진지역 항일독립운동사』, 당진문화원, 1991, 379~391쪽.

양한 형태로 독립운동에 기여한 경우였다. 그것이 비록 직접 만세운동에 가담하였던 적극적인 참여 방법은 아니었지만 자신의 처지에서 할 수 있는 최선이었다.

강선필은 3·1혁명에 참여하였다는 이유로 투옥되었다가 출감하였다. 경성고보에서도 불령선인으로 퇴학당하였다. 하지만 강선필은 학업을 포기하지 않고 보성고등보통학교를 졸업하였다. 이후 고향으로 돌아와 동생인 강선국 등과 더불어 천도교 당진 종리원에서 활동하였다. 강선필이 천도교와 인연을 맺은 것이 언제인지는 정확하지 않다. 3·1혁명 당시 일제의 신문조서에는 종교를 묻는 질문에 무종교라고 답하였다.[89] 이를 그대로 믿는다면 강선필은 1920년대 이후에 천도교에 입도했을 가능성이 크지만 쉽게 믿기 어렵다. 오히려 강선필의 고향인 순성면 성북리 유동 일대가 동학농민혁명 당시 농민군의 본거지였던 점을 고려하면, 강선필의 집안은 선대부터 천도교인으로 살았을 가능성이 더 높다. 다만, 일제에 검거된 후 신문을 받으면서 무종교라고 진술했던 것은 3·1혁명을 손병희 등 천도교에서 주도했다는 사실은 잘 알려진 바이었기에 무종교로 진술했을 가능성이 더 높다.

---

89 『韓民族獨立運動史資料集』16, 3·1독립시위 관련자 예심조서, 강선필 신문조서.

　　강선필은 당진에서 천도교를 대표한 인물로 다양한 사회활동을 전개하였다. 1925년 8월9일, 당진 회관에서 개최된 당진청년회 창립총회에서 임원으로 선출되었고, 1926년 5월7일에는 합덕에 있던 동아일보 당진지국 내에서 우리상회라는 소비조합이 창립될 때 상무위원으로 선출되기도 하였다.[90] 이러한 사회활동은 1920년대 국내에서 활동하던 민족주의 계열 인사들이 펼친 활동의 한 형태였다. 그리고 1920년대 후반에 이르러 이러한 성과는 좌우가 합작한 신간회 창립으로 결실을 맺었다. 당진에서도 신간회 지회가 창립되었는데, 강선필은 신간회 당진지회 창립 과정에서 많은 역할을 하였다. 1927년 11월4일 당진 읍내 천도교 당진종리원에서 개최된 신간회 당진지회 설립을 위한 준비회에서 강선필은 임시 의장으로 회의를 주재하였다. 신간회 당진지회는 1927년 12월6일에 당진 청년 회관에서 창립되었다. 이때 강선필은 임원을 맡아 신간회 당진지회의 핵심 인물로 줄곧 활동하였다. 1931년 1월20일 신간회 당진지회의 해소 과정에서도 집행위원 및 대표 회원으로 참여하여 활동하였다.[91]

90　　김남석,『일제강점기 당진지역 민족운동 연구』, 충남 대학교 박사학위논문, 2010, 58쪽.

91　　김남석,『일제강점기 당진지역 민족운동 연구』, 충남

신간회가 해소되고 난 이후 강선필의 활동 방향
은 개량화되기 시작했다. 1937년 충남도회의원으로
출마하면서 『매일신보』에 보도된 「충남도회의원 입
후보자 인물소개」(「忠南道會議員 立候補 人物紹介」)에 의
하면, 강선필은 당시 40세로 1922년 보성고등보통학
교를 졸업하고 이후 당진에서 경제학과 법학을 독학
하였으며, 농촌진흥과 자력갱생운동의 공로자였고,
1931년부터 순성공립보통학교후원회 회장, 면천금
융조합 감사 등을 역임하였다고 밝히고 있다.[92] 그리
고 1935년 5월에는 순성면 면협의원 선거에 출마하
여 당선되었다. 당시 순성면에서는 총 10명의 면협의
원을 선출하였는데 강선필도 그 중 한 명이었다.[93] 2
년 뒤인 1937년 5월10일에는 충청남도 평의원 선거
가 있었는데 강선필은 도평의원 선거에 입후보하였
지만 23표를 얻어 36표를 얻은 양재억에게 패해 차
점 낙선하였다.[94]

이러한 부읍면 및 도평의회는 3·1혁명 이후 일

대학교 박사학위논문, 2010, 58쪽.

92 『매일신보』, 1937.5.5.(석간7면), 「忠南道會議員 立候
補 人物紹介」.

93 『동아일보』, 1935년 5월26일, 조선중앙일보, 1935년
6월6일.

94 『매일신보』, 1937년 5월11일.

제의 식민지 통치 방식이 변화하면서 만들어진 통치 기구 중 하나였다. 일제는 조선을 강점한 이후 무단 통치로 조선인을 억압하는 통치 정책을 펼쳤다. 이런 억압 통치에 반발하여 독립운동이 본격화되고, 3·1혁명이 일어나자 일제는 통치 방식을 바꾸지 않을 수 없었다. 도평의회가 1920년 10월 들어 조선 13도에 설치되고, 평의원을 간접 투표로 선출하며, 4년의 임기를 보장하는 등 민주적인 방식의 합법 기구라는 외형을 갖추고 있었던 것은 사실이다. 하지만 근본적으로는 조선인의 저항을 체제내로 끌어 들여 식민지 통치를 합리화하려는 어용기구였음은 부인할 수 없는 사실이다. 이렇듯 부읍면 및 도평의회가 친일 통치기구였다는 것은 선거에 출마할 수 있는 자격을 제한했다는 것을 통해서도 분명히 알 수 있다. 부읍면 및 도평의회는 이른바 불령선인 등 독립운동가나 중범죄자, 공산주의자에게는 입후보 자격을 주지 않았던 것이다. 따라서 강선필이 일제의 어용 통치기구인 부읍면 및 도평의원에 입후보하였다는 것은 스스로 변절하였기에 가능했던 일이라고 볼 수밖에 없다.

실제로 강선필은 『매일신보』 1939년 1월 16일자에 일제를 찬양하는 내용의 '祝戰捷新年 祈武運長久'라는 시국광고를 게재하여 적극적으로 친일행위를 실천하였다. 이러한 친일행위와 함께 강선필은 1939년 다시 순성면 면협의회원 선거에 출마하여 당

선되었다.[95] 그리고 44세이던 1941년에는 드디어 충
남도평의회의원 선거에 도전하여 당선되기에 이르
렀다.[96] 이때 특이한 것은 강선필은 더이상 강선필
이 아니었다는 점이다. 왜냐하면 강선필이 일찍이 창
씨개명을 하여 신안선필(新安善弼)이 되어 있었기 때
문이다.[97] 일제강점기 많은 사람들이 친일반민족행
위를 하고 창씨개명을 하였다. 하지만 강선필과 같
이 1941년부터 창씨개명을 한 경우는 많지 않았다.
1941년 강선필이 참여한 친일반민족행위자들의 조
직인 조선임전보국단 발기인 명단을 보면 강선필 보
다 지명도가 높았던 인물들 중 창씨개명을 한 경우는
그리 많지 않았다. 이러한 사실에 비추어 볼 때 강선
필이 얼마나 신속하고 적극적으로 창씨개명에 임했
는지 확인 할 수 있다. 이렇듯 강선필은 1941년 친일
반족행위의 대표적인 조직인 조선임전보국단 발기인

---

95 『매일신보』, 1939.5.25.(석간3면),「各面協議會員 當
    選者 : 唐津郡」.

96 『매일신보』, 1941.5.13.(석간3면),「全鮮 各道會議員
    一覽 : 忠淸南道」.

97 「(1942年度)朝鮮人事錄」,『(1942年度)朝鮮年鑑』
    (1941.10.1.), 92쪽 ;「(1943年度)朝鮮人事錄」,『(1943
    年度)朝鮮年鑑』(1942.10.15.),6쪽;「(1945年度)朝鮮人
    事錄」,『(1945年度)朝鮮年鑑』(1944.10.20.), 356쪽.

으로 참여하여 적극적인 친일반민족행위의 길을 걸었다.[98]

이러한 강선필의 적극적인 친일행위는 3·1혁명에 참여하였던 이유로 복역한 사실이 있던 인물이었고, 불령선인으로 경성고보에서 퇴학까지 당했던 인물의 행보라고 보기에는 이해하기 어려운 행보였다. 일제가 전쟁에서 패하고 해방된 이후 강선필은 우익 쪽에서 활동하였다. 동생이자 동지였던 강선국이 좌익 활동을 하면서 당진군 인민위원장을 역임하였던 것과는 대조적인 행보였다. 더욱이 강선국이 한국전쟁 때 학살당했던 사실을 감안한다면 한국전쟁은 강선필에게 큰 시련을 안겼다고 볼 수 있다. 이렇듯 파란만장한 삶을 살았던 강선필은 1976년 사망하였고, 순성면 성북리에 묻혔다.

---

98 「朝鮮臨戰報國團發起人·役員 名簿」, 『朝鮮臨戰報國團槪要』(朝鮮臨戰報國團, 1941.10), 25쪽.

3 · 1혁명에서 찾은 심훈의 또 다른 이름 심대섭

당진에서 가장 큰 문화축제는 가을에 열리는 상록문화제이다. 상록문화제는 저항시인이자 농촌계몽문학의 선구자라고 할 수 있는 소설 『상록수』를 지은 작가 심훈의 상록수정신을 계승하자는 뜻으로 1977년부터 시작하여 매년 이어오고 있는 문화제이다. 그러나 막상 상록문화제의 주인공 심훈은 당진 출신이 아니라는 점에서 당진과는 직접적인 인연이 없다. 인연이 있다고 한다면, 부친의 토지가 당진에 있어 심훈도 당진에 낙향하여 살았고, 소설 『상록수』가 당진 송악 일대를 배경으로 하여 지어졌다는 점이다. 더욱이 『상록수』의 필자인 심훈이 당진 송악에 필경사라는 집을 짓고 살면서 『상록수』를 집필하였던 점은 특별한 인연이기도 하다. 특히 소설 『상록수』는 심훈이 당진에 살면서 자신의 조카 심재영이 관련된 소재를 바탕으로 소설을 썼다는 점에서 남다른 인연이라고 할 수 있다. 그래서인지 당진에서는 심훈이 『상록수』를 집필하면서 살았던 송악 부곡리의 필경사를 그의 문학정신을 기념하는 기념공원과 문학관으로 지어 운영하고 있으며, 그의 문학정신을 기리는 장소로 활용하고 있다.

　문제는 이렇게 당진에서 심훈을 추모하고 그의 문학정신을 기리는 상록문화제가 매년 열리고 있지

만, 심훈의 문학정신에 국한되어 있다는 점에서 한계
가 분명해 보인다는 사실이다. 왜냐하면 심훈의 문학
정신을 제대로 기리고 계승한다는 것은 그의 문학정
신만의 문제가 아니라 그가 살았던 전체적 삶에서 일
관되게 관통했던 정신세계와 철학이 무엇인지를 이
해하고 계승하는 것이 무엇보다 중요하기 때문이다.
이런 측면에서 보면, 심훈은 소설 상록수를 지은 소
설가이자 시인으로 국한할 정도의 인물이 아니다. 심
훈은 문학과 예술적인 면에서도 다양한 예술분야에
조예가 깊었던 예술평론가였고, "영화 제작을 필생의
천직"으로 삼았던 영화인이었다. 다른 한편 민족해방
을 위한 독립운동 역사에서도 심훈은 3 · 1혁명에 참
여하여 징역살이를 하였고, 중국으로 망명하여 독립

운동에 투신하였던 독립운동가였으며, 엄혹한 시대 일제에 굴하지 않고 필치를 휘둘렀던 언론인이기도 하였다. 이러한 점에 주목한다면 상록문화제를 심훈의 삶을 저항시인이자 소설가의 이미지를 넘어 종합예술인이자 언론인이며 독립운동가였던 심훈의 삶까지 재조명하는 방향으로 축제를 구성하는 것이 필요하다는 생각이 든다. 특히 내년이면 3·1혁명 100주년을 맞는다. 어쩌면 지금이 독립운동가로서의 심훈을 새롭게 조명할 수 있는 기회이고, 심훈과 함께 상록문화제의 가치를 새롭게 부각시키기에 가장 적절한 시점일지 모른다.

심훈의 본명은 심대섭이다. 심대섭은 경기도 시흥군 북면 흑석리 출신으로 1901년 지주이던 심상정의 3남 1녀 중 3남으로 태어났다. 심훈은 본관이 청송으로 그의 집안은 세종의 왕비인 소헌왕후를 배출한 명문가였다. 심훈의 아버지 심상정은 당시 시흥군 북면 면장을 지냈으며, 충남 당진에서 추수를 해 올리는 곡식이 3백석에 이를 정도의 대지주여서 심훈의 집안은 늘 넉넉한 살림살이를 유지하였다. 심훈이 태어난 시흥군 흑석리 176번지는 지금은 서울시에 편입되어 동작구 흑석동이 되었고, 그의 옛 집터에는 천주교 흑석동교회가 들어선 채 심훈의 옛집이었음을 알리는 표지석만 남아 있다.

심대섭은 경성의 교동공립보통학교를 졸업하

고, 1915년 경성고등보통학교에 고종사촌이기도 한 동요 작가 윤극영, 조선공산당 당수였던 박헌영, 영화 박열의 모델인 아나키스트 박열 등과 함께 입학하였다. 하지만 심훈은 3학년이던 1917년 일본인 수학 교사와 갈등을 빚으면서 시험시간에 백지를 제출하여 과목 낙제하였고, 1년을 유급하게 되어 3·1혁명 당시에는 동급생들보다 늦은 3학년생이었다. 심훈은 1917년에 집안의 의사에 따라 2년 연상의 왕족인 전주이씨와 결혼하였는데, 심훈이 집안을 설득하여 부인을 진명학교에 진학시키면서 직접 이해영이라는 이름을 지어주었다. 결혼 후 심훈은 흑석동에서 한성은행에 다니던 형 심명섭의 낙원동 집에서 생활하였다.[99]

심대섭은 1919년 경성고보 3학년에 재학 중이던 열아홉 살 나이에 3·1혁명을 맞았다. 당시 경성고보 학생들은 김백평, 박노영, 박쾌인 등이 주도하여 3·1혁명에 대거 참여하였다. 심대섭도 다른 경성고보 학생들과 함께 고종의 국장연습이 끝난 이후에 탑골공원으로 가서 독립선언서를 낭독하는 광경을 목격하게 되었다. 탑골공원에 모인 군중들은 독립선언서 낭독이 끝난 이후 조선독립을 외치는 만세를 부

---

99 『韓民族獨立運動史資料集』16, 3·1독립시위 관련자 예심조서, 심대섭 신문조서.

르며 경성시내로 터져 나왔다. 심대섭도 군중들을 따라 경성시내로 나와 대한문·창덕궁 앞을 지나 안국동으로 행진하며 만세를 불렀다. 조선독립만세를 외치는 독립만세운동은 연일 이어졌지만 심대섭은 몸이 아파 3월4일, 5일의 남대문 학생독립만세운동에는 참여하지 못하였다. 이후 3·1혁명으로 학교가 휴교하고, 일제 경찰에 의해 독립만세운동에 참여한 학생들이 체포되기 시작하자, 심대섭은 친구들이 체포되었다는 소식을 듣고 이를 확인하기 위해 송현동의 청송여관에 들렸다가 체포되었다.[100]

심대섭이 일제 경찰에 체포된 것을 3월5일이라고 하나 정확하지 않다. 오히려 여러 가지 정황상 3월5일 보다는 6일 체포되었을 것으로 보인다. 왜냐하면 심대섭이 3월7일 진술한 것을 보면, 3월4일과 5일에는 몸이 아파 독립만세운동에 참여하지 않았다고 했으므로, 3월5일에는 독립만세운동에 참여하지 않았을 뿐만 아니라 밖으로 나오지 않았다고 볼 수 있다. 신문조서를 작성한 날이 3월7일이니 6일 체포된 이후 바로 다음날부터 조사받았던 것으로 볼 수 있다. 따라서 심대섭은 3월6일 체포되었고, 3월7일부터 본격적인 조사를 받았다고 보는 것이 합리적이다.

---

100 『韓民族獨立運動史資料集』16, 3·1독립시위 관련자 예심조서, 심대섭 신문조서.

이렇듯 3월6일 일제 경찰에 체포된 심대섭은 3월7일 경무총감부에서 조선총독부 검사 산택좌일랑(山澤佐一郎)에게 신문을 받았다. 일제의 신문조서에 의하면, 심대섭은 1919년 3월1일 탑골공원과 대한문에서 만세를 부르고 집에 돌아갔다고 진술하였다. 6월 23일 경성지방법원에서 예심계직무대리 조선총독부 판사 굴직희(堀直喜)가 묻는 질문에는 탑골공원에 가게 된 이유로 오후에 독립운동이 있을 것이라는 김백평의 연설을 듣고 참여하였다고 밝히고 있다. 독립운동이 무엇인가를 묻는 질문에도 "지금 조선은 일본에 합병당하고 있으나, 일본으로부터 권리를 물려받아 조선인만으로 정치를 하도록 하기 위해 일하는 것을 말한다. 그래서 나도 독립을 희망하는 것이다"[101]라고 분명히 밝히고 있다.

이러한 심대섭의 진술 내용은 3·1혁명에 참여하였다 체포된 보통의 학생들이 진술한 내용과 대비된다. 단순 참여자들의 진술은 3·1만세운동에 참여한 것이 우연한 계기로 참여하였다고 진술하는 것이 대부분이었다. 이런 점에서 볼 때 심대섭의 진술은 매우 구체적이고 당당한 진술이라고 볼 수 있다. 이러한 진술 태도는 심대섭이 3·1혁명에 가담했던 이

---

101 『韓民族獨立運動史資料集』16, 3·1독립시위 관련자 예심조서, 심대섭 신문조서.

유가 일시적이고 우연한 참여가 아니었음을 알 수 있게 하는 대목이다. 조선총독부 판사 굴직희(堀直喜)가 독립을 희망하는 이유를 묻는 질문에 대해서도 "민족은 다른 민족으로부터 제재를 받지 않고 독립해 정치하는 것인데, 조선도 일본으로부터 떨어져 일가 단란하게 나가지 않으면 안 된다. 또 교육제도가 불완전한 까닭으로 조선인은 생존경쟁의 패자가 되어 마침내 일본인의 노예가 되게 되었다. 또 조선에 대한 정치는 무단정치로서 문관까지 칼을 차고 있는 것을 보면, 이것은 조선인을 적대시하는 것이다. 또 동양척식회사 등을 설립하여 마치 영국이 인도에서 동인도주식회사와 같은 사업을 하고 있는 등, 기타 여러 가지 불평이 있으므로 독립을 희망하고 있는 것이다"[102]라고 분명히 진술하였다.

이상 심대섭의 진술을 살펴보면, 그의 사회의식과 자주독립에 대한 의지를 엿 볼 수 있다. 심대섭의 독립의지와 독립운동에 대한 인식은 국제적인 정세까지 파악하고 있을 만큼 뛰어났다. 여기에 문학적인 수사까지 구사하며 일제의 무도함을 지적하고 자주독립의 당위성을 설명하고 있다는 점에서 10대의 고등보통학생이라는 사실이 믿기지 않을 정도이다.

---

102 『韓民族獨立運動史資料集』16, 3·1독립시위 관련자 예심조서, 심대섭 신문조서.

보통 고보생이 심대섭의 경우처럼 일제 경찰에 잡혀와 당당한 태도로 진술하는 경우는 많지 않았다. 이러한 심대섭이 당당하게 진술했다는 것은 일제의 입장에서는 매우 곤혹스러운 일이 아닐 수 없었을 것이다. 그래서 그랬는지 조선총독부 판사 굴직희(堀直喜)는 심대섭에게 조롱하듯 조선인이 아무리 독립선언을 하고 만세를 부르며 다닌다고 독립이 되는 것이 아니라는 취지의 질문을 하였다. 이에 대해 심대섭은 "만세를 부르는 것만으로 독립이 되는 것은 아니다. 이렇게 하여 독립사상을 고취시켜 놓으면 언젠가는 독립이 될 것이라고 생각하여 이같이 운동하는 것이다"[103]라고 흔들림 없이 진술하였다. 또한 장래에도 독립운동을 할 것인가를 물었을 때도 심대섭은 숨기지 않고 기회만 있으면 또 할 것이라고 당당히 진술하였다. 이렇게 당당한 진술 태도를 보이는 심대섭이었기에 일제의 입장에서는 단순 가담자에 불과하였지만 기소하여 처벌하지 않을 수 없었다.

일제는 3·1혁명에서 조선인의 단순한 만세운동 참여에 대해 가혹하게 처벌하였다. 심대섭 또한 1919년 8월 30일 경성지방법원의 예심종결 결정을 거쳐 정식 재판에 회부되었다. 그리하여 같은 해 11

---

103 『韓民族獨立運動史資料集』16, 3·1독립시위 관련자 예심조서, 심대섭 신문조서.

월 6일 경성지방법원에서 보안법 및 출판법 위반 혐의가 인정되어 징역 6월에 집행유예 3년을 받고 8개월간 감옥에 갇히게 되었다.[104] 이런 일제의 가혹한 처벌은 독립을 요구하는 식민지 청년의 기를 꺾어 다시는 독립에 대해 말하거나 생각하지 못하게 하겠다는 의도에서 비롯된 것이었지만, 심대섭에게는 오히려 독립의 의지를 더욱 강하게 하는 자극제가 되었다. 심대섭은 서대문형무소에서 천도교 서울대교구장 장기렴, 목사, 학생 등 9명과 함께 지냈다. 심대섭이 서대문 형무소에 갇혀 있는 동안 옥중에서 썼다는 〈옥중에서 어머님께 올린 글월〉을 살펴보면, 당시 심대섭은 징역살이를 통해 오히려 독립투사로 의지를 다지는 계기가 되었음을 알 수 있다. 이 옥중 서신은 1919년 8월 29일 한여름에 써서 어머니에게 몰래 보낸 글이다. 심대섭은 이 글에서 "오늘 아침에 차입해 주신 고의적삼을 받고서야 제가 이곳에 와 있는 것을 집에서도 아신 줄 알았습니다.……그래도 몸 성히 배포 유하게 큰집에 와서 지냅니다" 라는 배짱 좋은 말로 아들을 걱정하고 있을 어머니의 심정을 위로하고 있다. 이어서 똥통이 끓을 정도로 더운 날씨와

---

104 『매일신보』, 1919년 11월 08일 3면, "前無後無한 大判決, 240명을 한 번에 언도해, 피고의 대부분은 모조리 학생".

밤이면 빈대, 벼룩이 살을 뜯어 한 달 동안이나 쪼그
리고 앉은 채 날밤을 새웠을 만큼 생지옥 같은 감옥
살이지만 "누구의 눈초리에나 뉘우침과 슬픈 빛이 보
이지 않고, 도리어 그 눈들은 샛별과 같이 빛나고 있
습니다" 라고 하여 함께 수형생활을 하는 다른 독립
운동가들의 모습과 의지에 빗대어 독립운동의 올바
름과 정당성을 밝히고 있다. 이러한 심대섭의 의지
는 19세의 어린 나이로 감옥살이를 하며 겪었던 독
립운동가 장기렴의 죽음을 목격하면서 더욱 굳혀졌
음을 알 수 있게 한다. 심대섭은 마지막으로 "어머니
께서는 조금도 저를 위하여 근심하지 마십시오. 지금
조선에는 우리 어머니 같으신 어머니가 몇 천 분이요
또 명 만 분이나 계시지 않습니까? 그리고 어머니께
서도 이 땅의 이슬을 받고 자라나신 공로 많고 소중
한 따님의 한 분이시고, 저는 어머니보다도 더 크신
어머니를 위하여 한 몸을 바치려는 영광스러운 이 땅
의 사나이외다"라는 말로 글을 끝내면서 자신의 삶은
앞으로 조국의 독립을 위해 살아 갈 것임을 다짐하고
있다.

이렇듯 심대섭에게 3·1혁명은 자신의 인생 역
정에서 어떤 삶을 살 것인가 하는 이정표를 세우는
중요한 계기가 되었다. 실제로 이러한 독립운동과 감
옥살이를 통한 경험은 이후 그의 문학정신의 바탕이
되었을 뿐만 아니라 문학작품을 통해 충분히 구현되

었다. 그리고 심대섭은 마침내 1919년 11월 집행유
예로 8개월여의 징역살이를 끝내고 석방되었다. 하
지만 그가 다니던 경성고등보통학교에서는 이 사건
을 이유로 심대섭을 퇴학시켰다. 경성고보에서 퇴학
당한 심대섭이 선택한 것은 중국으로의 망명이었다.

일찍이 경성고보에서는 3·1혁명에 가담하였
다 체포된 심대섭에 대해 "영리하나 경솔하여 모든 명
령 등을 확실하게 실행하지 않는다. 게으른 편이어서
결석·지각 등이 많고 평소부터 훈계를 받아 온 자이
다"[105]라는 평을 일제 경찰에 제공한 바 있다. 경성고
보가 심대섭을 평가하였던 대로 3·1혁명에 참여한 것
을 이유로 경성고보에서는 그를 퇴학시켰지만, 심대
섭 또한 조국의 독립을 위해 일제에 저항하기 위해 중
국으로 망명하는 것으로써, 그들이 자신을 평가한 것
이 결코 틀리지 않았다는 사실을 증명하였다. 심대섭
이 망명한 시기에 대해서는 여러 설이 있지만 1920
년 겨울의 일이다. 후일 심대섭은 "필경사잡기"에서
이때의 일을 "어색한 청나라 복장으로 변장하고 봉천
을 거쳐 북경으로 탈주하였었다"고 기록하였다.[106]

---

105   『韓民族獨立運動史資料集』15, 3·1독립시위관련자
       신문조서(검사조서), 京城高等普通學校 學生性行調
       査書.

106   김종욱, 박정희, 「필경사잡기」, 『심훈전집』, 글누림

심대섭의 중국 망명 생활은 1920년부터 3년간 이어졌다. 심대섭은 만주에서 북경으로 가서 우당 이회영의 집에 머물게 되었다. 당시 우당 이회영은 조선에 있는 모든 재산을 팔아 중국으로 망명하여 독립운동에 전념하고 있었다. 만주에서 신흥무관학교를 설립하여 독립군 간부를 양성하는 일에 많은 재산을 투여했지만, 그래도 북경 생활은 어느 정도의 재산이 남아 있었던 때라 조선에서 망명해 오는 청년들을 위해 숙식을 제공하고 있었던 시기였다. 이런 인연으로 심대섭은 북경에서 한 달 여를 우당 이회영과 함께 지냈다. 우당 이회영은 어린 나이에도 불구하고 일제에 저항하며 중국으로 망명한 심대섭을 무척 아꼈다. 심대섭이 연극 공부를 하려고 프랑스 유학을 생각하고 있다는 말을 듣고 강경히 반대하며 "너는 외교가가 될 소질이 있으니 우선 어학에 정진하라"고 간곡히 부탁하기도 하였다.[107] 이렇듯 이회영의 부탁은 간곡했지만 끝내 따르지 못했던 심대섭이었다. 이후 심대섭의 모습은 외교관을 연상케하는 안경을 쓰게 되었는데, 이것은 이회영의 간곡한 부탁이었던 외교관과 관련이 있었으니 우당의 청을 모두 외면했던 것

출판사, 2016, 323쪽.

107 김종욱, 박정희, 「필경사잡기」, 『심훈전집』, 글누림 출판사, 2016, 326-327쪽.

은 아닌 셈이다. 이밖에도 심대섭은 중국에 망명하여 있는 동안 아나키스트이자 민족사학자였던 단재 신채호, 임시정부를 이끌던 이동녕과 이시영, 엄항섭과 사회주의 계열의 여운형 같은 지사들 곁에서 많은 감화를 받았다고 술회하고 있다.

심대섭은 중국에 망명하여 처음에는 북경대학 문과에서 극문학을 전공하려 했던 모양이다. 하지만 프랑스 정부에서 유학생을 모집한다는 소식을 듣고 "예술의 나라인 프랑스 일류의 극장과 화려무비한 오페라 무대를 몽상하며"[108] 프랑스로 가기 위해 상해로 갔지만 프랑스까지는 가지 못했다. 심대섭은 결국 항주의 지강대학에 입학하여 졸업하지 못하고 1922년까지 수료하였다. 상해에서의 망명생활은 같은 시기에 상해로 망명했던 경성고보 동창이자 후일 조선공산당 당수이던 박헌영을 비롯하여 임원근 등 사회주의자들과 만나 교류하였던 시기였다. 심대섭이 박헌영과 가까운 사이였다는 사실은 널리 알려진 바이다. 특히 귀국 후 동아일보에 함께 입사하였던 점이나, 박헌영과 함께하지 않으면 알 수 없는 사실을 바탕으로 쓴 '박군의 얼굴'이라는 시를 통해 보면 심대섭이 박헌영과 얼마나 깊

---

108   김종욱, 박정희, 「무전여행기」, 『심훈전집』, 글누림 출판사, 2016, 340쪽.

은 친분관계를 유지하고 있었는지를 알 수 있게 한다. 이런 이유로 심대섭이 상해로 갔던 진짜 이유가 프랑스로의 유학에 관심이 있었던 것이 아니라 상해에 있던 사회주의자들과의 교류를 목적으로 했던 것이라는 말이 나돌 정도였다. 심대섭이 사회주의에 관심을 보였던 것은 시대적 상황에 따른 자연스런 현상일 수 있다. 상해로 망명했던 많은 독립운동가들이 사회주의에 관심을 갖고 사회주의자가 되었다. 심대섭 또한 이런 현상에 따라 사회주의를 경험했을 것이다. 이러한 사실은 심대섭이 프로레타리아 문학운동을 내세운 염군사의 연극부에 가담한 것이니, 조선프롤레타리아 예술가동맹(KAPF) 발기인으로 참여했던 점을 통해서 충분히 확인할 수 있다.

이렇듯 20대 초반을 중국에서 망명살이를 하면서 독립운동과 예술활동 사이에서 고뇌하던 심대섭은 23세 되던 1923년에 귀국하였다. 귀국한 이후 심대섭은 극문회를 조직하는 등 본격적인 국내활동을 시작하였다.

상해 망명 기간 중 사회주의 사상을 접한 심대섭은 국내로 돌아 온 후 사회주의자 친구들과 가까이 하면서 활동하였다. 우선 1924년 사회주의 성향의 인물들인 박헌영, 임원근, 허정숙 등과 함께 '동아일보사'에 들어갔다. 잘 알려진 바와 같이 박헌영은 심대섭과 경성고보 동기 동창이자 후일 조선공산당의 당수를 지낸 인물이다. 임원근 역시 유명한 언론인이자 사회주의자로 허정숙과는 부부였다. 이러한 사실을 감안할 때 심대섭이 중국 망명 기간 중 함께했던 박헌영과 임원근은 단순한 친구를 넘어 함께 활동했던 동지였다고 볼 여지가 많다. 실제로 동아일보에 입사한 후 심대섭은 박헌영, 임원근과 함께 활동하면서 1926년 이른바 '철필구락부사건'으로 해직당하기도 했다. '철필구락부사건'은 각 신문사 사회부 기자들을 중심으로 결성된 '철필구락부'가 급료 인상 파업을 일으킨 사건이다. 심대섭도 '철필구락부'에 가입했는데, 얼마 뒤 이 파업은 다른 부서에도 번져 같이 입사한 박헌영·임원근·허정숙은 물론 여러 기자들이 일제히 사표를 내는 사태로 번졌다.

동아일보에서 기자로 근무하는 동안 심대섭에게 큰 변화가 생겼다. 하나는 본격적인 집필활동을 시작하였다는 점이고, 또 하나는 심훈이란 필명을 사용하였다는 사실이다. 특히 심훈이란 필명을 본격적으로 사용하게 된 것은 1926년부터였는데, 동아일보에 '탈춤'이라는 영화소설을 심훈이란 필명으로 발표한 것이 그 출발이다. 이때부터 심훈이란 필명은 한동안 심대섭과 함께 혼용하여 사용되었다. 이후 심대섭은 이름에서 대섭을 버리고 심훈으로 바꾸기에 이른다. 이에 대해 심대섭은 "별다른 이유 없이 본명을 쓰기 싫어서 심훈이란 필명을 사용하게 되었다"[109]
고 술회하였다. 이제 비로소 심대섭이 아닌 심훈으로
살아가게 된 것이다.

동아일보에서 해직된 심훈은 이듬해인 1927년
일본으로 건너가 교토의 '일활촬영소'에서 정식으로
영화를 공부하였다. 심훈은 일본에서 영화를 배우는
동안 '춘희'라는 영화에 출연하기도 하였는데 비록
엑스트라였지만 심훈은 영화배우로 데뷔하게 되었
다. 심훈은 이후 이때의 상황을 회상하는 글을 1933
년 '경도의 일활촬영소'라는 제목으로 신동아에 기고
하기도 하였다.[110] 일본에서 귀국한 심훈은 나운규,
안종화, 김기진 등과 함께 '영화인회'를 만들어 간사
로 활동하며 본격적인 영화인으로 살아갔다. 이때 만
든 영화가 '먼동이 틀 때'였는데 원작·각색·감독까
지 도맡아 영화를 만들었고, 단성사에서 개봉하여 큰
성공을 거두었다. 이렇듯 심훈은 영화인이라는 또 다
른 이력의 소유자였던 것이다.

심훈을 상징하는 또 다른 이력은 그가 자유연
애주의자였다는 사실이다. 심훈은 일찍이 17세 때인

109　김종욱, 박정희, 「나의 아호·나의 이명」, 『심훈전
　　　집』1, 글누림출판사,2016, 297쪽.

110　김종욱, 박정희, 「경도의 일활촬영소」, 『심훈전집』1,
　　　글누림출판사, 2016,, 292~294쪽.

1917년 이해영과 결혼하였다. 집안의 뜻에 따른 결혼이었기 때문이었던지 이해영과의 결혼 생활은 원만하지 않았던 듯하다. 젊은 부인을 두고 중국에 망명했다는 것도 그렇지만 중국에서 귀국한 뒤 이듬해인 1924년 이해영과 이혼하였다는 것도 그렇다. 심훈이 재혼한 것은 1930년의 일이다. 상대는 안정옥으로 열일곱 살의 무용가 지망생이었다. 심훈이 안정옥을 만난 것은 안정옥이 열두 살이던 1924년의 일이다. 심훈은 고종사촌이자 경기고보 동창인 동화작가 윤극영이 운영하는 소녀합창단 '따리아회'의 후원회원으로 활동하면서 신문에 합창단을 홍보하는 활동을 하였는데 안정옥은 소녀합창단의 단원이었다.[111] 안정옥과의 만남으로 심훈은 바라던 대로 자유연애에 의한 재혼을 이루게 되었다. 이렇듯 심훈이 자유연애를 추구했던 원인은 여러 가지 요인이 있을 수 있겠지만, 시대적 상황에 따른 연애관, 결혼관의 변화를 적극적으로 수용한 것으로 볼 수 있다. 당시는 신문물이 들어오고 교육받은 신여성이 탄생하면서 구시대의 조혼풍습으로 인한 사회적 문제가 부각되던 시대였다. 여기에 풍습에 따라 일찍 결혼하여 불행한 삶을 살았던 누나를 보면서 조혼타파와 함께

---

111 김종욱, 박정희, 『심훈전집』1, 글누림출판사, 2016, 347쪽.

자유연애를 추구해야 한다는 생각이 심훈으로 하여
금 자유연애를 추구하게 하였다고 볼 수 있다.[112]

　심훈이 안정옥과 결혼한 것은 그의 나이 30세이
던 1930년 12월24일이다. 그가 원하는 대로 자유연
애를 통해 결혼을 하였지만 현실의 생활은 만만한 문
제가 아니었다. 심훈은 본격적인 집필활동에 전념하
여, 1930년에 조선일보에 연재한 『동방의 애인』을 비
롯하여 1931년에는 『불사조』를 조선일보에 연재하
였다. 하지만 심훈의 작품은 모두 일제의 검열에 걸
려 더 이상 연재할 수 없었다. 일제의 입장에서는 심
훈의 작품은 수용할 수 없는 불량한 내용이었던 것이
다. 이 시기 심훈의 마음은 항일의식으로 충만해 있
었다. 심훈의 항일의식이 얼마나 투철했던지 경성방
송국 조선어 아나운서 모집에 합격하여 방송국에서
문예담당자로 문예물 낭독을 하였는데 '황태자 폐하'
등을 발음할 때 아니꼽고 역겹게 느껴져 우물쭈물 넘
기곤 하였다고 한다. 이것이 문제가 되어 심훈은 3개
월 만에 추방당하였다.[113]

　심훈이 본격적으로 당진에서 살게 된 것은 1932

<hr>

112　김종욱, 박정희, 『심훈전집』8, 글누림출판사,2016,
　　447쪽.

113　김종욱, 박정희, 『심훈전집』1, 글누림출판사, 2016,
　　349쪽.

년부터였다. 안정옥과의 결혼과 장남의 출생으로 경제적으로 불안정한 생활이 지속되자, 심훈은 임시방편으로 부모와 장조카 심재영이 살고 있는 송악면 부곡리로 낙향하여 본가의 사랑채에서 1년 반 동안 머물렀다. 이때부터 심훈의 당진살이는 글쓰기에 전념할 수 있었던 시기였다. 1934년 4월초에는 장편『직녀성』을 조선중앙일보에 연재하였다.『직녀성』을 집필하여 받은 원고료로 지은 집이 송악 부곡리의 '필경사'이다. '필경사'는 심훈이 직접 설계하여 지은 집이다.[114] 필경사에서 생활을 시작하면서 장조카 심재영이 조직한 부곡리의 '공동경작회' 회원과 어울려 지냈다. 장조카 심재영은 당시 농촌계몽운동을 뜻하는 브나드로 운동을 부곡리에서 전개하고 있었다. 이런 심재영의 활동을 지켜보면서 심훈은 송악 부곡리에서의 생활을『상록수』라는 장편소설로 작품화하였다.『상록수』는 1935년 8월 동아일보 창간15주년 특별 공모에서 당선작으로 선정되었다. 이때 받은 상금 500원 가운데 100원은 '상록학원' 설립에 기부하였다. 이때 쯤 심훈은『상록수』를 영화로 만들 생각을 하였다. 하지만『상록수』를 영화화하기 위한 계획은 일제의 방해로 끝내 실현하지는 못했다.

___

114   김종욱, 박정희,『심훈전집』1, 글누림출판사,2016, 349쪽.

　　1936년은 심훈의 인생에서 의미있는 해였다. 8월에는 베를린올림픽 마라톤 우승 소식을 듣고 신문 호외 뒷면에 즉흥시 「오오 조선의 남아여 마라톤에 우승한 손 남 양 군에게」를 썼다. 그리고 그 해 9월16일 『상록수』를 출판하는 일로 노력하던 차에 장티푸스에 걸려 경성제국대학병원에서 세상을 떠났다. 그의 나이 36세였으니 너무나도 짧은 인생이었고, 아깝고도 안타가운 죽음이었다.

　　지금까지 심훈의 또 다른 이름 심대섭에 대해 살펴보았다. 이글을 통해 소설가이자 시인으로 알려진 독립운동가 심대섭을 만날 수 있었다. 심대섭이 태어났던 1901년의 조선은 사실상 일제의 통치하에 있던 식민지에 다름 아니었다. 심대섭은 경성고보에 들어가 식민지 조선의 현실을 자각할 나이가 되었을 때, 3·1혁명이라는 대사건을 맞았다. 식민지 조선의 청년으로 살고 있던 그는 시대적 요구이자 역사적 사명과도 같은 3·1혁명을 외면하지 않았다. 심대섭은 3·1혁명에 참여하여 당당하게 조선독립을 요구하는 독립만세운동을 벌였으며, 독립만세를 외쳤다. 그 댓가는 어린 그에게 감당하기 어려울 정도로 가혹했지만 결코 비굴하지 않았다. 이런 심대섭을 보면서 자주독립국가 쟁취를 위해 희생하고자 했던 청년의 기상을 느낄 수 있었다.

　　심대섭은 뛰어난 글 솜씨를 바탕으로 암울했던

식민지 조선에 희망을 주었다. 수많은 식민지 조선인이 그의 글을 통해 위안을 얻었고 깨우쳤다. 그는 붓 한 자루로 구습을 타파하고 자주독립과 평등사회 실현을 위해 노력하였고, 뛰어난 문장으로 대중을 계몽하는데 이바지 하였다. 또한 심대섭은 시대를 앞선 삶을 살았던 선각자였으며, 여러 방면에서 뛰어난 재주와 외모로 문화예술의 새로운 장을 펼쳤다. 하지만 이런 심대섭의 삶과 업적은 단지 겉으로 드러나는 외모나 재주에서 비롯된 것만은 아니었다. 무엇보다 중요했던 것은 그가 3·1혁명을 통해 경험했던 시대정신과 철학적 의식 형성이 그의 재주를 통해 발휘되었을 뿐이었다는 것이다.

3부

당진의 독립만세운동

당진에서 꽃 핀 3·1혁명!!

이제부터 우리 고장 당진 이야기를 하고자 한다. 3·1 혁명 당시 당진에서 일어난 이야기이다. 과연 3·1혁명 때 우리 당진에서는 무슨 일이 벌어졌을까? 당진에서 전개된 3·1독립만세운동은 어디에서 일어났고, 누가 앞장서 이끌었을까?

전국으로 확산된 3·1독립만세운동이 충남에서 처음 일어난 것은 3월3일 예산과 대전에서였다. 이후 독립만세운동은 충남 전역에서 벌어지게 되었는데 당진에서도 예외가 아니었다. 1919년 3월10일에 면천공립보통학교 학생들이 면천읍내에서 독립만세를 부른 것이다. 면천공립보통학교 학생들은 독립만세운동을 계획하면서 가까운 당진공립보통학교와 덕산공립보통학교에도 연락하여 연대운동을 제안하였다. 그러나 당진과 덕산의 학생들이 미온적으로 나오자 면천공립보통학교 학생들만 단독으로 독립만세운동을 벌이게 되었다. 면천공립보통학교 학생독립만세운동은 3·1독립만세운동 중 충남에서 가장 먼저 일어난 학생 만세운동이었다. 또한 같은 날 당진면 읍내리에서도 독립만세운동을 계획하다 사전에 발각되는 일이 발생했다. 당진면 읍내리에서는 3월16일에도 독립만세운동이 계획되었는데 이 역시 사전에 발각되어 실행하지는 못하였다. 당진면에서 있었던 독립만세운동 계획에 관해서는 정확한 내용을 파악할 수 있는 자료가 없어 실체적 상황을 파악하기는 쉽지 않지만 여러모로 보아 천도교와 관련이 있었을 것으로 추정된다.

당진면에서 독립만세운동이 처음 일어난 것은 1919년 3월10일이었다. 조선총독부 기록에는 1919년 3월10일 월요일 당진면에서 만세운동을 준비하였지만 사전에 발각되어 미수에 그쳤던 사실을 기록하고 있다.[115] 또한 3월16일에도 독립만세운동을 준비하였는데 이 역시 사전에 발각되어 미수에 그쳤다는 기록이 있다. 당진면에서의 독립만세운동에 관한 기록은 워낙 간략하다 보니 구체적인 내용을 파악하기가 쉽지 않다. 그렇지만 당진면에서 있었던 사실이 조선총독부에 보고되어 기록된 것으로 볼 때, 당진면에서의 독립만세운동은 실제로 준비되어 실행되었음이 분명하다. 실제로 일제는 3·1혁명이 전국으로 확산되자 이를 사전에 예방한다는 명목으로 밀정을 투입하여 독립만세운동을 사전 탐지하였고, 당진면에서의 독립만세운동은 일제의 이러한 정탐활동으로 사전에 발각되어 미수에 그친 사건으로 볼 수 있다.

문제는 당진면에서 독립만세운동을 일으키려했

115　『朝鮮騷擾事件關係書類』(大正8年乃至同10年) 共7
　　　冊 其1, 朝鮮騷擾事件一覽表에 關한 件.

던 세력의 존재 여부이다. 당진면에서 준비되었던 독
립만세운동 계획에 관해서는 정확한 내용을 파악할
수 있는 자료가 없다. 다만 조선총독부 기록에는 주
동세력을 구분하면서 보통이란 표현을 썼다. 이것으
로 보아 일제경찰은 당진면 독립만세운동을 주동했
던 세력에 대해 특별할 것이 없었다고 판단한 듯하
다. 하지만, 이 사건은 천도교 당진교구에서 추진했
던 독립만세운동과 연관성이 있었을 것으로 추정해
본다.[116]

지금까지 알려진 대로 천도교가 3·1혁명에서
주요한 역할을 담당했던 것은 주지의 사실이다. 이에
따라 천도교 조직은 전국에서 독립만세운동을 조직
하고 실천하였다. 천도교 당진교구 역시 마찬가지였
다. 천도교 당진교구는 1911년 교구가 설치된 이래
지속적인 성장을 하였다. 천도교는 교인의 수에 따라
교구를 구분하였는데 교구는 100호 이상이 되는 구
역에 설치했고, 교구가 10개 이상이 되는 곳에는 대

---

116 김현석 증언(2018년 1월16일) : 김현석은 1932년
      생으로 큰 할아버지 김제근은 동학접주였고 홍주성
      전투에 참전하였다고 하며, 서산접주 최긍순과는
      사돈관계였다고 한다. 3·1만세운동에 대해서는 "당
      진과 서산에서 천도교인들이 장날을 이용하여 독립
      만세를 불렀다"는 사실을 여러 번 들었다고 하였다.

교구를 설치했다. 이에 따라 1914년에는 대교구로 성장하였다. 이런 기준에 따라 3·1혁명 당시 충남에서 당진은 서산과 함께 대교구가 설치되었던 지역이다.[117]

천도교 당진교구가 3·1혁명과 관련한 활동이 어떠했는지는 기록으로 확인하기 어렵다. 하지만 1919년 초 독립운동자금을 모금하였던 사실은 확인된다. 이때 참여한 당진지역 천도교인들의 명단은 모두 91명으로 「기미년 독립운동금지불인 명단」으로 남아 있다.[118] 이 명단에는 주요한 당진지역 천도교 인사가 포함되어 있을 뿐만 아니라 서산 대호지면 지도자 백남덕과 생질인 홍순국이 포함되어 있다. 이렇게 천도교 당진교구 인사들이 독립운동자금을 모금했던 목적이 무엇이었는지는 정확하지 않다. 손병희가 천도교 조직을 이용하여 독립만세운동을 기획하는 과정에서 1919년 초부터 독립만세운동에 필요한 성금을 모았던 것이 사실이고, 이에 따라 천도교 당진교구 인사들도 참여하여 독립운동자금을 모금하고

117　정을경, 「당진지역의 3·1운동과 천도교」, 『당진지역 3·1독립운동의 재조명을 위한 학술대회 자료집』, 당진역사문화연구소, 37쪽.

118　박상건, 「기미독립운동금 지불인명단」, 『당진지역 항일독립운동사』, 당진문화원, 1991, 337쪽.

이를 기록으로 남겼을 수도 있다. 하지만 다른 한편으로는 천도교 당진교구에서 독립만세운동을 펼쳤다는 증언 등을 종합하면, 자체적으로 독립만세운동을 기획하고 이를 실현하기 위해 독립운동자금을 모았을 개연성이 매우 크다. 그리고 이러한 결과물이 당진면 읍내리에서 벌어졌던 1919년 3월10일, 16일 독립만세운동과 관련이 있었던 것으로 추정해 볼 수 있다.

당진의 3·1혁명은 4월 본격적으로 전개되었다. 4월2일 합덕 버그내 장터에서 독립만세운동을 벌였다. 합덕에서의 독립만세운동은 수 백 명의 합덕, 우강면민들이 참여하였는데 주재소 헌병과 면장의 적극적인 만류로 해산하였다.[119]

이후 당진에서 일어난 독립만세운동은 4월 들어 봉화산에 올라 횃불을 들고 만세를 부르는 방식의 봉화만세운동이 주를 이루었다. 이러한 봉화만세운동은 충청도 지역에서 주로 행해졌던 방식이었는데 당진에서는 4월3일과 4일 순성면에서 처음 시작되었다. 이밖에도 4월4일에 당진군 8개 지역에서 봉화를 올렸다는 기록이 있고, 대호지, 정미, 면천, 우강, 신평, 송악, 송산 등지에서도 봉화만세운동을 벌였다는

---

119 『매일신보』, 1919년 04월 13일 3면 7단 "各地의 騷擾.

주민들의 증언이 잇따르고 있다.[120] 이것으로 보아 당시 당진에서는 독립에 대한 요구를 자연스럽게 봉화만세운동을 통해 표출했던 것으로 볼 수 있다.

이렇게 봉화만세운동으로 전개되던 독립만세운동은 대호지 면장 이인정이 중심이 된 대규모 독립만세운동이 천의장터에서 일어나면서 양상이 바뀌었다. 이것이 바로 4월4일 일어난 대호지 천의장터 독립만세운동이었다. 대호지 천의장터 독립만세운동이 특별했던 것은 면장을 비롯해서 대호지면 모든 마을에서 주민들이 참여한 독립만세운동이었다는 점이다. 대호지 천의장터 독립만세운동은 매우 치열하게 전개되었다. 대호지면민은 물론이고 천의장터에 나왔던 장꾼들이 만세운동 대열에 합류하면서 독립만세를 부르게 되었고, 이를 진압하려던 일제 군경과 충돌하였던 것이다. 이로 인해 대호지와 정미면에서 전개된 독립만세운동에서는 다수의 사망자가 발생하였고, 수많은 사람들이 구속되기에 이르렀다.

이후에도 대호지와 정미면에서는 여러 차례 독립만세운동이 전개되었는데 4월8일 대호지면 송전리, 조금리, 정미면 수당리에서는 봉화를 올리고 만세를 불렀다. 특히 송전리에서는 봉화를 올리는 것으

120　김남석, 『일제강점기 당진지역 민족운동 연구』, 충남대학교 박사학위논문, 2010, 58쪽.

로 그치지 않고 경계 중이던 군경을 폭행하였다. 이에 대해 일제는 즉각 군경을 출동시켜 봉화 독립만세운동을 진압하였다. 이 과정에서 일제 군경은 참여자들을 향해 무차별적으로 총기를 발포하였고, 여러 명의 사상자가 발생하였다.

이밖에도 당진에서 전개된 3·1독립만세운동은 4월5일에서 8일 사이에 송악면에서 이어졌다. 4월5일 송악면 소재지이던 기지시리에서 수 백 명이 모여 만세를 부르고 거리 행진을 한 것이다. 이로 인해 4명이 체포되었다. 이밖에도 송악면에서는 4월13일에 송악면사무소에 불을 지르려는 계획이 사전에 발각되어 8명이 체포되기도 했다.

당진면 만세운동과 동학의 후예들

당진은 동학농민혁명과 관계가 깊은 곳이다. 동학농민혁명이 내포지방을 휩쓸고 지날 때 당진 역시 예외가 아니었다. 면천군과 당진현으로 나뉘어 있던 갑오년의 당진에서는 동학농민혁명의 회오리가 요동쳤다. 이렇게 변화를 갈망했던 당진 사람들에게 동학농민혁명의 실패는 큰 충격이었을 것이다. 하지만 그렇게 지키고자 했던 나라를 빼앗기고, 좌절했을 것만 같았던 당진사람들은 결코 좌절하지 않았다. 반드시 자주독립국가를 쟁취하겠다는 의지로 동학을 실천했던 당진사람들은 1919년 3월1일 전국으로 번져간 3·1독립 만세 소리를 당진에서도 울려 퍼지게 했다. 1919년 3월10일의 일이다.

이렇듯 당진에서 벌어진 3·1독립만세운동은 동학의 후예인 천도교의 역할과 밀접한 관계를 갖고 있다. 동학이 천도교로 합법화된 이후 충남에서 대교구가 설립된 곳은 당진과 서산 두 곳뿐이었다. 이렇게 당진에 천도교 대교구가 설립될 수 있었던 것은 내포지방에서 동학농민혁명의 실패에 따른 피해가 상대적으로 덜 했던 곳이 당진이었다는 측면과 손병희 선생이 1년 3개월간 피난살이를 하며 대도소를 운영했던 곳이 당진 수청리였다는 점이 많은 영향을 주었던 것으로 볼 수 있다. 이렇듯 천도교 당진 대교구가 설치되어 있었다는 것은 당진에서 전개된 3·1독립만세운동에 천도교인들의 참여와 역할이 있었을 것으로 보는 것이 자연스러울 수밖에 없다. 왜냐하면 3·1혁명은 천도교에서 중심적 역할을 하였고, 전국의 천도교인들이 조직적으로 참여하여 주도하였던 것이 객관적 사실이기 때문이다. 이러한 측면에서 본다면 충남에서 벌어진 3·1독립만세운동 중에서 천도교인들의 활동이 가장 두드러졌고, 가장 많은 인원이 참여하여 활발하게 전개되었던 곳이 당진이었다는 점에 주목할 필요가 있다.

『한국독립운동사료』에서는 1919년 3월10일 당진면에서 만세운동을 준비하였지만 사전에 발각되어 미수에 그쳤다고 기록하고 있다.[121] 이러한 사실은 천도교 당진교구 교인들이 당진면 읍내리에서 독립만세운동을 계획하고 준비하였다 미수에 그친 사건을 말하는 것이다. 또한 당진면 읍내리에서는 3월 16일에도 독립만세운동이 계획되었는데 이 역시 사전에 발각되어 실행하지는 못하였다. 당진면에서 준비되었던 독립만세운동 계획에 관해서는 정확한 내용을 파악할 수 있는 자료가 없어 실체적 상황을 파악하기는 쉽지 않지만 이것이 천도교 당진교구에서 준

---

121 大正8年乃至同10年『朝鮮騷擾事件關係書類』共7冊
     其1, 朝鮮騷擾事件一覽表에 關한 件.

비되었던 만세운동이었다는 증언으로 볼 때, 천도교의 조직적 참여의 일환이었을 것으로 추정할 수 있다.

당진면 3·10 만세운동을 주도했던 천도교 당진교구는 1911년 교구가 설치된 이래 지속적인 성장을 하여 1914년에는 대교구로 성장하였다. 당진의 대교구장은 김병태였고, 교구장은 이용의, 김동후, 장흥환, 차동로, 신태철이었다. 3·1혁명이 일어났을 때, 천도교 당진교구는 천도교 중앙총부의 지령에 따라 3·1독립만세운동을 준비하였다. 천도교의 조직적인 3·1독립만세운동은 손병희의 지휘에 따라 이종일을 통해 전달되었다. 이종일은 충남 태안 출신의 독립운동가로 「독립선언서」를 직접 제작하고 배포한 당사자였다. 당시 이종일은 「독립선언서」 배포를 위해 믿을 만한 천도교 신자를 동원하였다. 이때 동원된 천도교 신자 중 이경섭은 서북지방에 독립선언서를 배포하다 체포되었고,[122] 인종익은 충남북과 전북의 천도교 교구에 「독립선언서」를 배포하다 청주에서 체포되었다.[123] 물론 인종익이 당진교구에 「독립선언서」를 배포하였다는 진술은 없었다. 그리고 이종일

122　『韓民族獨立運動史資料集』11권 독립선언 관련자 신문조서(부록), 리경섭 신문조서.

123　『韓民族獨立運動史資料集』13권I,독립선언 관련자 신문조서,인종익 및 신문조서.

이 충남지방에 「독립선언서」를 배포하는데 인종익한 사람만을 시키지도 않았을 것이다. 다만, 중요한 것은 천도교가 이종일을 통해 조직적으로 「독립선언서」를 배포하였고, 천도교 조직을 동원하여 3·1독립만세운동을 전개하려 했다는 점이다. 이러한 천도교 중앙총부의 지침에 따라 전국의 천도교 교구는 조직적으로 3·1독립만세운동을 전개하였다. 그 중 당진교구도 천도교 당진교구의 교인들을 중심으로 당진면 읍내리에서 1919년 3월10일 독립만세운동을 준비하였던 것이다.

당진면 읍내리에서 준비된 3월10일, 3월16일 독립만세운동이 천도교 중앙총부의 지침과 관련이 있었을 것으로 보는 또 다른 이유로 천도교 중앙총부에서 활동하고 있던 당진출신 간부들의 역할과 관련해서이다. 당시 천도교 중앙총부에서 활동하던 대표적인 당진출신으로 김현구,[124] 박용태, 신태순을 들 수 있다. 김현구와 박용태는 동학농민혁명 당시 당진을 대표했던 접주였고, 당진에서 기포하여 동학농민군을 이끌고 내포지방 동학농민군과 함께 각종 전투를 지휘했던 인물이다. 김현구와 박용태는 동학농민

124　김현석 증언(2018년 1월16일) : "동학의 당진접주이자 천도교 중앙총부 간부였던 김현구가 3·1혁명 당시 일제의 검거를 피해 당진 김제근의 집에 도피하였다고 한다.".

전쟁이 끝난 이후 박인호와 함께 천도교에서 활동하였다. 이들은 원래부터 덕포의 박인호와 연원이 있던 관계였고, 박인호가 천도교의 4대 대도주가 된 이후에는 자연스럽게 천도교 중앙총부에서 주요 업무를 담당하게 되었다. 그 결과 김현구는 1906년 2월10일 육임의 중정 및 금융관장대리 겸 금융원, 8월27일 금융관장을 지냈다. 박용태 역시 1907년 10월16일 도주 그리고 12월10일 정주교사 등으로 선임되어 활동하였다.[125] 신태순 또한 당진면 대덕리 출신으로 천도교 중앙총부에서 서무과 대표로 활동하였다. 물론 이들 당진출신 천도교 중앙총부 간부들이 당진교구의 3·1독립만세운동과 관련하여 어떤 역할을 했고, 어떻게 영향을 미쳤는지는 기록으로 확인하기는 쉽지 않다. 다만 3·1혁명 당시 천도교는 전 교단의 역량을 총동원하여 3·1혁명에 참여하였고, 전국의 천도교 조직을 동원하여 3·1독립만세운동을 주도하였던 것은 분명한 사실이다. 이러한 사실을 감안하였을 때 천도교 4대 대도주였던 박인호의 절대적인 지지기반이었던 당진교구가 3·1혁명에 적극적으로 참여하였을 것은 분명한 사실이다. 더욱이 3·1혁명을 주도했던 손병희는 1년 3개월을 당진에서 피난살이를 하

---

125 성주현,2013, 「박인호계의 동학혁명과 그 이후의 동향」, 『동학학보』 51~52쪽.

였던 인연도 있었다. 이러한 관계가 있었기에 3·1혁명에 관해 빠르게 정보를 접할 수 있었고, 당진면에서 3·1독립만세운동을 계획하였던 것으로 볼 수 있다.

천도교는 교인의 수에 따라 교구를 구분하였는데 교구는 100호 이상이 되는 구역에 설치했고, 교구가 10개 이상이 되는 곳에는 대교구를 설치했다. 이런 기준에 따라 3·1혁명 당시 충남에서 당진은 서산과 함께 대교구가 설치되었던 지역이다. 따라서 3월 10과 3월16일 당진면 읍내리에서 있었던 3·1독립만세운동은 이들 천도교 당진교구의 지도자들이 당진교구의 교인들을 중심으로 독립만세운동을 준비하였던 것으로 볼 수 있다.

실제로 1919년 당진에서 조직적으로 3·1독립만세운동을 전개할 집단은 천도교 당진교구를 제외하고는 존재하지 않았다. 독립선언서를 발표하고 3·1독립만세운동에 나섰던 종교단체는 천도교와 기독교, 불교를 들 수 있다. 하지만 당진에서 기독교와 불교도 중에서 3·1혁명에 적극적으로 참여했던 인물이나 사건은 없었다. 또한 유림 중에서는 영남 유림이 주도하여 137명이 서명한 파리장서 사건이 있었지만, 당진 출신 유림 중에 서명에 함께했던 인물은 없었다. 이러한 점에서 당진의 유림들 중에서 조직적으로 3·1독립만세운동을 계획하거나 주도할 수 있는 조직적 실체는 존재하지 않았다고 볼 수 있다.

당진면 만세운동을 이끈 동학 지도자 신태순

당진면에서 독립만세운동이 처음 일어난 것은 1919년 3월10일이었다. 당진면에서 일어난 독립만세운동에 천도교 당진교구가 어떻게 관련되었었는지는 기록으로 확인하기 어렵다. 하지만 1919년 초 독립운동자금을 모금하였던 사실은 확인된다. 이때 참여한 당진지역 천도교인들의 명단은 모두 91명으로「기미년 독립운동금지불인 명단」으로 남아 있다.[126] 이 명단에는 주요한 당진지역 천도교 인사가 포함되어 있을 뿐만 아니라 서산 대호지면 지도자 백남덕과 생질인 홍순국이 포함되어 있다. 이렇게 천도교 당진교구 인사들이 독립운동자금을 모금했던 목적이 무엇이었는지는 정확하지 않다. 손병희가 천도교 조직을 이용하여 독립만세운동을 기획하는 과정에서 1919년 초부터 독립만세운동에 필요한 성금을 모았던 것이 사실이고, 이에 따라 천도교 당진교구 인사들도 참여하여 독립운동자금을 모금하고 이를 기록으로 남겼을 수도 있다. 다른 한편으로 당진에서 독립만세운동을 기획하고 이를 실현하기 위해 자체적으로 독립운동자금을 모았을 개연성이 매우 크다. 그리고 이러

---

126   박상건,「기미독립운동금 지불인명단」,『당진지역 항일독립운동사』, 당진문화원, 1991, 337쪽.

신태순 육형제는 독립운동을 위해 헌신했다. 그가 사망하자 당진 사람들은 최초의 사회장으로 죽음을 애도했다.

한 결과물이 당진면 읍내리에서 벌어졌던 1919년 3월10일, 16일 독립만세운동과 관련이 있었던 것으로 추정해 볼 수 있다.

당진 천도교를 대표할만한 인물로 신태순(申泰舜)을 거론하지 않을 수 없다. 신태순은 천도교 간부이자 독립운동가였다. 신태순은 1884년생으로 당진군 당진면 대덕리 토골 853번지에서 출생했다. 어려서 고향에서 한학을 배운 후 일찍이 천도교에 입교하였다. 1904년 김현구, 박용태 등과 함께 천도교 당진교구를 창설하는 데 공헌을 할 정도로 일찍부터 두각을 나타낸 인물이다. 신태순은 1910년 경술국치 이후 고향 당진을 떠나 상경하였다. 이후 당진을 대표하는 종교인이자 독립운동가로 성장한 신태순은 평생을 천도교 활동과 조국의 독립을 위해 헌신하였다. 신태순은 당시 천도교중앙총부 서무과 대표였다.

　신태순이 천도교 중앙총부에서 활동하면서 3·1혁명 과정에서 어떤 역할을 하였는지 확인할 기록은 없다. 다만 그의 석비에 기록된 비문에는 "1910년 경술국치 이후 분연히 광복운동에 헌신코자 상경하여 천도교 중앙총본부 서무위원으로 손병희 선생을 도와 1919년 기미독립선언과 만세시위를 음우(陰佑 남몰래 도움)하시었다"는 기록이 있을 뿐이다. 이 비문대로 신태순이 천도교 중앙총부의 간부로 활동하고 있었기 때문에 드러내 놓고 3·1혁명에서 활동하지는 못했을 것이다. 왜냐하면 낭시 3·1혁명에서 겉으로 드러난 모든 것은 손병희를 비롯한 일부 천도교 원로와 간부들이 개입하여 활동하였지 천도교 중앙총부는 박인호가 4대 대도주로 있으면서 공식적으로는 3·1독립선언이나 만세운동에 개입하지 않았기 때문이다. 그러나 실제적으로는 박인호를 비롯한 천도교가 처음부터 조직적으로 역할 분담을 하여 개입했던 것이라는 사실이 밝혀졌고, 학계의 정설이기도 하다.

　따라서 신태순이 천도교 중앙총부의 간부로 활동하고 있었기 때문에 3·1혁명에 직접 개입하여 활동하지 못했던 것이고, 남몰래 도와주는 역할을 할 수밖에 없었을 것이다. 여기서 남몰래 도와주는 역할이란 3·1혁명에 대한 소식을 전하고 사람을 연결해

주는 역할이었을 것인데, 이런 측면에서 보면 1919
년 3월10일 당진면에서 준비된 천도교 당진교구 중
심의 만세운동 사건에도 신태순이 어떤 역할을 했을
것으로 추정하는 것이 자연스럽다. 왜냐하면 당진은
신태순의 고향이었고, 그의 6형제는 모두 동학에서
부터 천도교에 이르기까지 당진교구의 교구장을 역
임하는 등 당진을 대표하는 유명한 천도교 간부였기
때문이다. 신태순 6형제는 삼남인 신태순과 신태호
(申泰鎬), 신태상(申泰相), 신태익(申泰益), 신태철(申泰
哲), 신태수(申泰秀) 등으로 3남인 신태순 뿐만 아니라
이들 6형제 모두 독립운동에 기여한 인물들이다. 신
태순 6형제의 독립활동으로는 6형제의 재산을 모아
상해임시정부의 독립운동 자금을 제공하기도 한 것
인데 이는 우당 이회영 6형제의 독립운동을 연상케
할 정도이다. 이렇게 독립운동에 대한 신태순 6형제
의 성품을 고려할 때, 신태순이 3·1혁명에서 손병희
를 도와 남몰래 도와주는 역할을 하였다면, 가장 먼
저 고향인 당진의 6형제를 통하여 3·1혁명 소식을
전하고, 당진면에서 만세운동을 할 수 있도록 도움을
주는 역할을 하였을 것으로 추정할 수 있다.

　　이러한 신태순의 활동은 3·1혁명 이후 보다 더
분명하게 민족운동에 전념하였음을 확인할 수 있다.
1923년 '민립대학 기성회' 조직에 가담하여 전국을
순회하며 기금조달에 주력한 것을 비롯하여 1927년

에는 천도교 청년동맹 중앙대표[127] 직책을 맡았고, 우리 민족의 단일항일단체인 신간회가 조직되자 경성지회의 총무간사를 맡아 활동하였다. 이후 당진으로 귀향한 뒤에는 신간회 당진지회 설립에도 기여하였다. 당진에서의 활동은 천도교를 중심으로 진행하였는데, 동아일보 1925년 9월7일 기사에 당진청년회에서 '나의 관념'이란 주제로 강연을 했다는 기록이 남아 있다.[128] 이렇게 신태순은 항일독립운동에 적극적으로 가담하였고, 이로 인해 일본 관헌에게 수차례 연행되어 고초를 당하였다. 이렇게 일본경찰의 심한 고문으로 인한 충격은 신태순을 향년 45세라는 젊은 나이에 죽음을 맞게 하였다. 신태순이 고향집에서 영면한 것은 1929년 9월9일의 일이다. 신태순의 장례는 당진 최초의 사회장으로 치러졌는데, 독립운동을 함께한 동지, 전국의 천도교인, 당진군민 등 지방 각급 사회단체에서 참가하여 신태순의 죽음을 애도하였다. 그의 죽음을 기리고자 하는 장례식을 통해 보면, 그가 평소에 어떤 삶을 살았던지를 분명하게 알 수 있게 한다. 신태순의 무덤은 고향인 대덕리 토골에 모셔졌다가 이후 당진시 대호지면 출포리 가족묘지로 이장하였다. 대한민국 정부는 독립운동에 헌신

127　『중외일보』, 1927. 11. 8.

128　『동아일보』, 1925. 9. 7.

한 신태순의 공적을 기려 1980년에 대통령 표창을
수여하였고, 1990년에는 건국 훈장 애족장으로 등급
을 올려 추서하였는데, 이것은 너무나 당연한 일이었
다고 할 것이다.

면천공립보통학교 3 · 10 학생독립만세운동을 주도한 원용은

조선 사람들에게 기미년은 벽두부터 기대에 부풀게 한 해였다. 멀리 유럽에서 제1차 세계대전이 끝났다는 소식과 함께, 몇 몇 약소국들이 독립을 하게 되었다는 소식이 조선에까지 들려온 것이다. 조선 사람들 사이에서는 어쩌면 기미년에는 독립할 수 있겠다는 희망이 생겨났다. 나라를 빼앗긴지 꼭 9년째 되던 해였다.

바닷길을 통해 경성을 드나들던 시대였기에 경성에서 3 · 1독립만세운동이 벌어졌다는 소식은 당진에도 신속하게 전해졌다. 이에 따라 당진면에서는 3월10일에 천도교가 앞장서 독립만세운동을 준비하였다. 당진에서 벌어진 3 · 1혁명은 당진면에서 만이 아니었다. 바로 면천에서 나이 어린 면천공립보통학교 학생들이 3월10일에 독립만세를 부른 것이다. 보통학교 학생들이 벌인 충남 최초의 3 · 1독립만세운동이었다.

면천공립보통학교 학생들이 3 · 10 독립만세운동을 벌이게 된 출발은 원용은에 의해서였다. 원용은은 1919년 당시 면천공립보통학교 4학년에 다니고 있었다. 원용은이 3 · 10 면천공립보통학교 독립만세운동을 주도하게 되었던 것은 고종의 인산을 보기 위

원용은의 모습, 면천공립보통학교 독립만세운동은 충남 최초의 학생 독립만세운동이었다.

해 경성을 방문하게 되었던 것이 계기가 되었다. 격동의 1919년 마침 나라의 임금이던 고종이 죽어 인산일이 3월3일로 정해졌는데 원용은이 형 원용하와 함께 고종의 인산에 참여했던 것이다.[129] 원용은이 고종의 인산을 보기 위해 경성을 방문했던 것은 시대적 상황도 있었겠지만 그의 가풍과 관련이 있었을 것으로 보인다. 원용은의 아버지 원형상이 서울 계동에 살면서 구한국 시대 무과에 급제하여 정3품 벼슬을 하였기 때문이다.

이렇듯 원용은은 원형상의 둘째 아들로 서울 계동에서 태어났다. 원용은이 7세 되던 해에 구한국의 녹을 먹고 있던 아버지 원형상이 경술국치로 나라가 망하자 모든 것을 정리하여 순성면 성북리 유동으로

---

129 박상건, 「원춘희 회고」, 『당진지역 항일독립운동사』, 당진문화원, 1991, 381~391쪽.

낙향하면서 원용은도 순성 유동에서 살게 되었다. 원용은이 살았던 유동의 옛집은 유동초등학교 자리로 지금은 아미 미술관이 자리 잡고 있는 순성면 성북리 160-1번지이다. 유동으로 낙향한 원용은의 아버지는 건강이 좋지 않았던지 귀향한지 4년 만에 세상을 떠나고 말았다. 원용은의 나이 11세 때의 일이다.[130] 아버지를 잃은 원용은에게는 형인 원용하와 어머니 평양조씨가 있어 보살핌을 받고 구김살 없이 자랐다고 한다. 하지만 원용은이 어린 나이에 아버지를 잃은 것이니 유복하게 자랐다고 할 수만은 없을 것이다.

원용은이 다닌 공립면천보통학교는 1911년 7월 7일 설립 인가를 받아 9월1일 개교하였다. 인근 지역의 덕산공립보통학교는 1912년에 개교하였고, 당진공립보통학교는 1913년에 각각 개교를 하였으니, 당시 인근 지역에서 최초로 개교한 공립보통학교인 셈이다. 공립면천보통학교는 옛 면천군의 객사를 교사로 개조하여 4년제 학교로 1학년 30명이 입학하면서 개교하였는데 11월1일에는 면천공립보통학교로 교명을 변경하였다.

원용은은 어려서 12살 때까지 유동에 있는 서당에서 한문을 공부하였다. 그러다 12세 되던 1915년

---

130   박상건, 「원춘희 회고」, 『당진지역 항일독립운동사』, 당진문화원, 1991, 381~391쪽.

에 면천공립보통학교에 입학하였다. 원용은이 면천공립보통학교에 입학하게 된 것은 교사들이 학생을 모집하기 위해 유동에 들렀다가 원용은이 면천공립보통학교에 입학하겠다고 따라 나서게 되면서였다. 당시에는 면천공립보통학교가 생겼어도 학교에서 일본글을 가르친다고 하여 학부모들이 학교에 보내지 않았다고 한다. 설사 학부모들이 학교에 보낸다고 해도 아이들이 학교가기를 꺼려하였다고 한다. 수업료도 받지 않고, 교과서도 무료로 배부하며 학생을 모집하여도 학생이 모집되지 않자 교사들이 마을을 돌아다니며 강제적으로 학생을 모집하기 위해 홍보하였다고 한다. 그런데 원용은은 학생을 모집하기 위해 유동에 들렀다가 돌아가는 교사를 따라 스스로 면천공립보통학교에 입학하였다는 것이다. 1915년 원용은과 함께 면천공립보통학교에 입학한 학생은 모두 37명이었다.

원용은과 함께 면천공립보통학교에 입학한 37명의 신입생들은 상급 학년으로 진급하면서 점차 인원이 줄었는데, 이들이 졸업할 때인 1919년 3월에는 11명만이 남아 졸업할 수 있었다. 이렇게 많은 학생들이 중도에 학업을 포기했던 이유가 무엇이었는지는 3·1혁명과 연관지어 설명하지 않을 수 없다. 물론 시대 상황이 근대 교육제도가 도입된 초기였다고 해서 단순하게 원인을 알기 어렵다거나, 간단하게 일제에 의한 농촌 경제의 파탄에서 비롯된 경제적인 어

려움이 반영된 결과였다고 설명할 수도 있다. 그러
나 3·1혁명이 준 영향은 당시 식민지 청년학생들에
게 너무나도 강렬한 인상을 주었고, 면천공립보통학
교 학생들 역시 예외는 아니었을 것이다. 실제로 면
천공립보통학교에서 1918년도 2, 3학년 학생수가 각
각 43명, 34명이었는데, 1919년 4월 1일에는 3, 4학
년으로 진급했을 때는 재적인원이 각각 10명씩 극감
하는 양상을 보이고 있다. 입학생이 부족하여 입학을
홍보할 정도였던 당시 상황에서 학부모의 성화로 학
교에 입학한다 해도 학생들 스스로 일본 말 교육 등
일제교육을 받기 싫어 중도에 학업을 포기하는 학생
이 많았다는 사실을 감안한다면 면천공립보통학교에
서 벌어진 3·10독립만세운동은 많은 학생들이 중도
에 학업을 포기하였던 원인 중 하나로 추정해 보아도
크게 무리는 없을 것이다. 무엇보다 원용은을 비롯해
졸업을 앞둔 4학년 학생들이 3·10독립만세운동에
참여하였다는 이유로 퇴학당했다는 점을 감안한다면
더욱 그렇다. 이렇게 3·1혁명을 통해 형성된 반일
감정이 면천공립보통학교 학생들에게 민족의식을 강
하게 형성하게 하였고, 이러한 이유가 중도에 학업을
포기하는 직접적인 원인이었다고 설명할 수 있겠다.

　　면천공립보통학교에서 3월10일에 독립만세운
동이 벌어진 것은 원용은이 경성에 상경하여 3·1혁
명을 몸소 체험한 후 면천에서 독립만세운동을 벌이

겠다는 결심을 하게 된 것이 결정적 원인이 되었다. 원용은이 경성에서 언제 돌아왔는지는 정확하지 않다. 다만 여러 가지 여건상 경성에서 오래 머물러 있었을 것 같지는 않다. 3월1일 고종의 인산이 끝난 후 하루 이틀 사이에는 귀향하였을 것으로 보인다. 하지만 비록 경성 방문 시간은 짧았지만 경성에서 본 3·1 독립만세운동은 어린 원용은의 민족의식을 깨우치게 할 만큼 강렬했다. 그 강렬한 경험이 3·10 면천공립보통학교 독립만세운동으로 이어졌던 것이다.

만세운동을 전개할 것을 결심한 원용은은 우선 동급생이면서 두 살이 많고 민족의식이 강했던 박창신과 급장이던 이종원에게 도움을 청했다. 박창신과 이종원 역시 원용은의 말을 듣고 원용은과 함께 면천공립보통학교에서 독립만세운동을 벌일 것을 결의하였다. 이렇게 만세운동을 준비하던 원용은은 박창신을 통해 인근의 당진공립보통학교와 덕산공립보통학교에도 함께 만세운동을 전개하자고 제안하였다. 그리고 자신은 경성고보 학생으로 면천공립보통학교 선배인 강선필에게 도움을 청했다. 마침 면천공립보통학교 선배인 강선필이 아버지에 이끌려 순성 성북리로 귀향해 있었다. 원용은은 손위 항렬의 원규상을 통해 강선필에게 도움을 청하였다. 원규상은 성북리 유동 출신으로 강선필과는 고향 친구이자 면천공립보통학교 후배였다. 원규상을 통해 후배 원용은의 도움 요청을 받은 강선필은 자신이 경성에서 가지고 온 여러 정보를 제공하였다. 강선필이 원용은에게 제공한 정보 중에는 경성에서 불리어졌던 노래도 있었다. 이 노래를 받아 '독립의 노래'라는 이름으로 수 백매를 등사하였다.

또한 원용은은 홀로 독립만세운동을 위한 준비를 별도로 진행하였다. 마침 집에서 논을 팔아 보관하고 있던 돈이 있었는데 이 돈으로 옷감을 구입하여 집에서 아무도 모르게 태극기와 독립을 요구하는 글귀를 쓴 현수막을 제작하였다. 이렇게 제작된 현수막을 15~6척의 대나무를 구해 깃발을 만들어 미리 동문 밖 소나무 숲에 숨겨 두었다.[131]

면천공립보통학교 학생들의 독립만세운동은 3월10일 면천읍내에서 전개되었다. 3월10일을 거사일로 정한 이유는 3월10일이 일제의 육군기념행사일이었기 때문이다. 기념행사가 열리면 학생들이 동원되어 행사에 참여하게 되는데, 행사가 끝나고 나면 학생들은 일찍 귀가하게 되어 시간적 여유가 생기게 되고, 이 점을 이용하여 독립만세운동을 전개하면 좋겠다고 생각한 것이다. 이렇듯 면천공립보통학교 학

131　박상건, 「원용은의 3·1독립만세운동 거사록」(1977. 이종원 증언), 『당진지역 항일독립운동사』, 당진문화원, 1991, 371~377쪽.

생들은 기념행사에 동원되어 참석한 후 일찍 귀가하게 되었다. 원용은을 비롯한 주동자들은 미리 준비했던 대로 면천공립보통학교 학생들 모두를 오후 3시경 면천 동문 밖의 산기슭에 모이게 했다. 이렇게 면천공립보통학교 학생들이 모두 모인 곳의 위치가 정확히 어디인지 확정할 수는 없으나, 원용은이 만세운동을 위한 도구를 준비하여 숨겨 놓았다는 곳이 성북리에서 면천향교를 향하는 산길이었다고 했던 사실을 감안한다면, 이들이 모인 곳 역시 면천향교 뒤편쪽 인적이 드문 산기슭이었을 것으로 추정된다.

산기슭으로 모인 학생들은 미리 전 학년 급장을 통해 독립만세를 부를 것이라는 비밀스런 뜻을 전달받은 터라 모두 긴장하고 있었다. 전교생이 모두 모이자, 원용은은 높은 곳에 올라 자신이 서울에서 본 독립만세운동과 시위 장면을 설명하고 우리도 다 같이 면천에서 독립만세를 부르자고 역설하였다. 한적한 산속이었지만 면천공립보통학교 학생들은 모두 합심하여 독립만세를 부르기로 결의하였다. 이어 원용은이 미리 숨겨 두었던 태극기와 '대한독립만세' 깃발을 꺼내 대나무 깃대에 매달고 면천읍내로 행진하기 시작했다. 이때 4학년 급장이던 이종원은 대열의 선두에 서서 이끌었고, 부급장이던 박성은(朴性殷)은 대열 후미에서 학생들의 이탈이나 낙오가 없도록 독려하는 등 나름대로 치밀하게 준비했던 계획대로 독립만세운동을 전개하였다. 학생 대열의 선두는 주도 학생인 원용은과 박창신이 깃대를 높이 들고 대한독립만세를 선창하며 행진하였다.[132]

면천공립보통학교 학생들이 행진을 시작한 시간은 대략 3시경으로 추정된다. 면천향교를 지나 면천읍내에 접어들면서 면천공립보통학교 학생들의 모습은 더욱 질서 정연하고 늠름하였다. 마침 면천에 왔던 덕산공립보통학교 심상렬 선생이 이 모습을 보고 대열 앞에 와서 두손을 번쩍 들면서 조선독립만세를 외쳤다. 학생들의 의로운 행동에 적극적인 지지를 표시한 것이다. 학생들에게는 이러한 모습은 큰 힘이 되었고, 크게 용기를 얻어 더욱 열광적으로 독립만세를 부를 수 있게 하였다. 이렇게 면천 읍내로 들어온 학생들은 곧바로 학교 정문 앞까지 행진하였다. 학교에서는 만세 소리를 듣고 교사들이 깜짝 놀라 뛰어나왔고, 학생들의 안전을 걱정하여 학생 대열 앞을 막으며 저지하려고 하였다. 그러나 학생들의 위세가 너무도 당당하여 쉽게 막아낼 수 없었다. 학생들은 잠시 면천공립보통학교 정문에 모여 당당하게 독립만세를 외쳤다. 그리고 서쪽으로 이동하여 면천경관

---

132 박상건, 「원용은의 3·1독립만세운동 거사록」(1977. 이종원 증언), 『당진지역 항일독립운동사』, 당진문화원, 1991, 371~377쪽.

주재소로 향하였다. 일본 순사들은 학생들이 독립만
세운동을 전개하고 있다는 사실을 모르고 있다 학생
만세 대열이 주재소 앞을 통과하자 비로소 알고 주재
소를 뛰쳐나왔다. 순사들은 우선 선두에 있던 태극기
와 깃발을 빼앗으며 강력히 저지하였다. 그러자 학생
들은 대열이 무너지고 사방으로 흩어지고 말았다.

일제 순사의 위세에 눌려 일시 흩어졌던 학생들
은 곧바로 다시 모였다. 그리고 자연스럽게 조를 편
성하여 맨손으로 독립만세를 외치려고 시도하였다.
하지만 일제 순사들은 어린 학생들의 독립만세운동
에도 총을 들고 진압하려 하였다. 순간 위급함을 안
박래윤, 안인식, 이홍로, 이돈하 선생들이 급히 학생
들에게 가서 '목메는 소리'로 총을 맞을 수 있으니 어
서 도망가라고 '호통'을 쳤다.[133] 선생들의 간곡한 호
소와 만류에 학생들은 대열을 해산하여 다시 사방으
로 흩어졌다. 이 때 일본 순사 다께사끼(竹崎)는 실제
로 총을 들고 달려가 학생들을 추격하기도 하였다. 그
러나 이날 만세운동으로 학생들은 아무 사상자 없이
무사히 피신하였고 해산하여 각자 귀가할 수 있었다.

면천공립보통학교 학생들의 면천 읍내 독립만

---

133 박상건, 「원용은의 3·1독립만세운동 거사록」(1977.
　　　이종원 증언), 『당진지역 항일독립운동사』, 당진문
　　　화원, 1991, 371~377쪽.

세운동은 그렇게 일단락되었다. 하지만 이것으로 끝난 것이 아니었다. 원용은은 면천 읍내에서 만세를 부르고 도망치듯 쫓겨 온 것이 못내 아쉬웠던지 집으로 돌아오는 길에 함께 귀가하던 일부 학생들을 모아 몽산과 아미산에서 독립만세를 불렀다. 조용한 산속에서 부르는 만세였지만 목청 것 소리쳐 만세를 불렀다. 그리고 내려오는 길에 주변 마을 집집마다 돌아다니며 주민들을 만나 독립의 필요성을 역설하였다. 원용은이 얼마나 열심히 돌아다니고 만세를 불렀던지 그날 밤 다리가 퉁퉁부어 다음날은 일어나지 못할 정도였다고 한다.[134]

면천에서 보통학교 학생들이 독립만세운동을 전개한 것은 실로 놀라운 일이었다. 하지만 어린 학생이라고 봐주는 법이 없는 간악한 일제의 속성을 너무도 잘 알고 있던 주변에서는 이후 벌어질 일을 걱정하지 않을 수 없었다. 특히 원용은을 아꼈던 담임 선생 안인식은 다음날 원용은에게 은밀히 인편을 통해 당분간 학교에 나오지 말고 피신해 있으라는 연락을 보내 왔다. 원용은의 가족과 친지들 역시 걱정스러운 것은 마찬가지였다. 하지만 원용은은 그 다음날인 3월12일 주변의 걱정과 만류에도 불구하고 학교

---

134   박상건, 「원춘희 회고」, 『당진지역 항일독립운동사』, 당진문화원, 1991, 381~391쪽.

에 등교하겠다고 고집하였다. 그리고 의젓하게 학교에 나와 일제 순사들이 있는 면천주재소에 자진 출두하여 스스로 체포되었다. 면천공립보통학교 독립만세운동을 함께 이끌었던 동급생 박창신 역시 자진 출두하여 체포되었다. 이것으로 보아 원용은과 박창신은 독립만세운동은 물론 이후 대처 방안에 대해서도 준비하고 대처하였음을 알 수 있다.

이러한 면천공립보통학교 학생들의 3·10독립만세운동은 당시 『매일신보』에 3월17일과 26일에 두 차례에 걸쳐 보도되었다. 보도된 내용을 살펴보면,

▼沔川『면천』 - 셜유ᄒ야 해산
당진군 면천 읍내 공립보통학교 학생 일동이 모혀 태극긔를 들고 대한독립만세를 불넛ᄂ대 군슈와 경찰서에서 엄즁히 셜유해산ᄒ얏더라.(3월 17일자 3면 1단)
▼唐津『당진』 - 보통학교 생도
십일 오후 삼시경에 당진군 산쳔(汕川)보통학교생도 약 이백 명이 구한국국긔를 행렬션두에 세우고 시위 운동을 시작ᄒ얏는데 쥬모쟈 이명은 산쳔경관쥬재소에 인치되고 해산ᄒ얏더라『당진』(3월 26일자 3면 1단)

여기서 산천은 면천의 오기로 볼 것이고, 참여

한 인원이 200명이라 한 것에 대해서는, 2009년 건립된 '면천공립보통학교 3월10일 학생독립만세운동 기념비'에 기록된 참가 인원이 '원용은 외 九十五명' 즉 96명으로 기록되어 있는 것과 차이가 있다. 이러한 차이는 비문의 기록이 이종원의 회고를 바탕으로 한 것으로 당시 참여자를 모두 기억하지 못한 측면과 당시 면천공립보통학교 학생독립만세운동에 직접 참여하지는 않았지만 주변에 있던 주민들이 많이 모여 있었으며, 이들까지 포함하여 200명으로 보도했던 것으로 이해할 만하다.

이렇게 당시 보도대로 주모자인 원용은과 박창신이 면천경관주재소에 체포된 것으로 면천공립보통학교 3·10 독립만세운동은 일단락되었지만 일제의 탄압은 그것으로 그치지 않았다. 원용은과 박창신이 자진하여 면천경관주재소에 체포되었다는 보고를 받은 일제는 3월13일 공주에 주둔하고 있던 헌병과 기마병을 보냈다. 그것도 공주 헌병청의 경무부장이 직접 헌병을 인솔하여 면천으로 왔다. 어린 보통학교 학생들의 독립만세운동에 헌병대 경무부장이 기마병까지 이끌고 면천으로 왔다는 것을 볼 때 3·1혁명에 대한 일제의 탄압이 얼마나 가혹했는지를 분명하게 알 수 있게 한다.

일제가 이렇듯 면천공립보통학교 학생 만세운동을 강력하게 탄압했던 이유는 면천공립보통학교 독립만세운동이 충남에서 보통학교 학생들이 벌인 최초의 독립만세운동이었기 때문이다. 충남에서 처음으로 터진 면천공립보통학교 만세운동을 제대로 대처하지 못한다면 주변지역의 학교로 번지는 것은 시간문제일 것이라고 판단했을 것이다. 따라서 일제는 면천공립보통학교 독립만세운동이 배후가 없을 수가 없다고 보고 군사 작전을 방불케 하는 수사를 진행하였다. 이러한 일제 경찰의 탄압에 맞서 원용은은 모든 것은 '혼자 했다'고 하고 '배후자가 따로 없다'고 주장하며 맞섰다. 이렇게 원용은이 당당하고 일관되게 진술하자 일제 경찰도 배후가 없음을 알고 체포 당일인 3월12일 바로 당진경찰서로 이송하였다.

당시 당진에서는 3·1혁명의 영향으로 독립만세운동을 준비하거나 실천하는 사례가 여러 곳에서 있었다. 그나마 다행스러웠던 것은 당진경찰서장이 매우 온정적인 성품이어서 수없이 잡혀온 만세운동 주동자에 대해서 몇 대의 태형으로 훈방하거나 태형도 없이 하룻밤을 새우고 내 보냈다고 한다. 원용은의 경우도 당진경찰서장은 어린 학생이라서 속히 내 보내려고 하였지만 면천학교 교장인 이타하라(板原良鎚)가 들어 먹지 않아 부득이 공주로 넘기게 되었다고 면회 온 원용하에게 말했다고 한다.[135]

---

135 박상건, 「원춘희 회고」, 『당진지역 항일독립운동사』,

이렇듯 원용은은 당진경찰서에서 수 일간 구금되어 있다가 공주형무소로 이감되었다. 대전지방검찰청 공주지청의 검사는 원용은을 3월 21일에 증거 불충분으로 불기소 처분을 내렸다. 독립만세운동을 전개한지 10일만의 일이었다. 하지만 이것으로 끝난 것이 아니었다. 일제는 3월 21일에 검사의 불기소 처분 결정으로 즉시 석방시켜야 할 원용은을 아무런 이유도 없이 공주형무소에서 4개월 동안이나 수감시켰다. 면천공립보통학교에서는 4학년으로 1919년 3월 27일 면천공립보통학교 제7회 졸업식에서 졸업했어야 할 원용은을 졸업시키지 않았다. 면천공립보통학교 교장인 이타하라의 짓이었다. 이타하라 교장은 원용은이 다음해인 1920년 담임교사였던 안인식의 도움으로 공주사범학교 입학시험에 응시하여 합격했다는 사실을 알고, 공주사범학교에 '원용은은 사상이 불온하다'는 통지를 하여 원용은을 제명시키기까지 하였다. 그것도 모르고 공주사범학교에 입학하기 위해 등교한 원용은은 크게 실망하지 않을 수 없었다.

이후 원용은은 1920년 여름 면천공립보통학교를 8회로 졸업한 사촌동생 원용필과 함께 상경하여 6개월 속성과 부기학원을 다녔다. 다음해인 1921년에는 보성전문학교 법과 시험에 응시하여 합격하여 입

당진문화원, 1991, 381~391쪽.

학하였다. 하지만 원용은은 학업을 다 마치지 못하고 낙향할 수밖에 없었다. 그 이유는 늙은 어머니와 병으로 신음하던 형이 있었기 때문이다. 고향으로 돌아온 원용은은 1925년 사법서사 자격시험에 합격하여 합덕에서 개업하였다. 원용은은 사법서사를 하여 늙은 어머니, 형 원용하 부부와 6남매 그리고 자신의 부부와 4남매 등 모두 15명의 대가족을 부양하였다.

원용은은 1919년 당시 면천공립보통학교에 다니던 10대의 어린 학생이었다. 비록 나이는 어렸지만 경성에서 본 조선 민중의 3·1혁명은 원용은에게 강렬한 인상을 남겼다. 원용은은 고향에 돌아와 면천공립보통학교 3·10독립만세운동을 주도하였다. 이렇게 소리 높여 독립만세를 고창하는 것으로 곧바로 일제의 속박에서 벗어날 수 있다고 믿은 것은 아니었지만 독립만세를 소리쳐 외치는 것이 독립에 기여하는 것이었다고 믿었기에 기꺼이 그렇게 할 수 있었다. 면천공립보통학교 학생들의 3·10독립만세운동은 어린 학생들이 일제에 저항하기 시작한 충남 최초의 독립만세운동이다. 이 독립만세운동은 수많은 사람들에게 민족독립의 필요성을 주지시켜 주었다. 이후 당진에서는 일제강점기 내내 일제에 저항하는 수많은 사회운동이 이어졌다. 그 저항 정신은 모두 3·1독립 정신에서 나온 것이다. 그리고 원용은은 그 중심에 있었다.

면천공립보통학교 3·10 학생독립만세운동을 주도한 박창신

면천공립보통학교는 당진 최초의 근대식 교육기관이다. 1911년 9월 개교하였으니 그 역사도 깊다. 이런 유서 깊은 면천공립보통학교에서 3·10 학생독립만세운동이 일어났던 것은 어쩌면 당연한 일인지도 모르겠다. 왜냐하면 면천은 당진군으로 통합되기 전까지 면천군의 소재지였고, 일제에 의해 당진군으로 흡수 통합되면서 군 소재지의 행정 기능을 상실함으로써 면천 사람들의 일제에 대한 반감은 매우 구체적이고 현실적인 문제였기 때문이다. 이렇듯 당진 최초의 면천공립보통학교 설립은 이러한 면천 사람들의 반일감정을 완화하자는 측면으로 이해할 만하다.

면천공립보통학교 3·10 학생독립만세운동은 원용은과 함께 또 다른 인물인 박창신이 주도한 만세운동이었다. 원용은에 비해 박창신에 대해서는 기록은 많지 않다. 그 이유는 박창신이 이후 사회주의 활동에 전념하면서 한국전쟁 때 희생되었고, 이런 사정으로 인해 박창신에 대한 기록뿐만 아니라 박창신을 기억하는 사람들조차 많지 않은 탓이다.

박창신은 합덕 신석리 출신이다. 합덕 신석리에서 면천까지는 15km에 이르고, 걸어서 통학하였을 당시로는 만만치 않은 거리였다. 특히 어린 나이에

청년기의 박창신의 모
습, 그는 면천공립보통
학교 독립만세운동을
주도하였고, 이후에는
사회주의계 독립운동가
로 헌신했다.

먼 길을 통학하려면 여간 고통스런 일이 아니었을 것
이다. 그런 이유에서인지 1919년 당시 박창신은 원
용은에 비해 두 살이나 많은 18세였다. 원용은에 비
해 나이도 많고 의협심이 강했던 박창신은 면천공립
보통학교 4학년의 리더로 활동하였다. 이런 박창신
이었기에 원용은은 경성에서 보고 온 고종의 인산과
독립만세운동을 면천에서 전개하기로 마음먹고 처음
으로 상의했던 당사자가 바로 박창신이었다. 그만큼
박창신은 원용은에게는 믿음직하고 신뢰할만한 인물
이었던 것이다.

원용은은 박창신에게 경성에서 본 독립만세운
동 소식을 전하면서 면천에서도 독립만세를 부르자
고 제안하였다. 원용은은 경성에서 직접 자기 눈으로
독립만세운동을 확인하였지만 박창신은 원용은을 통
해 전해 들었을 뿐인데도 원용은의 말만 듣고 그 제

안을 흔쾌히 수락하였다. 그만큼 박창신은 의협심이
강했고, 민족의식이 투철했던 인물이었다. 이렇게 해
서 면천공립보통학교 3·10 학생독립만세운동은 시
작되었다.

　　면천에서 독립만세운동을 하자고 제안한 원용은
과 제안을 받은 박창신은 인근 덕산보통학교와 당진
보통학교도 함께 독립만세운동을 하면 좋겠다고 생
각하여 밀서를 보내기로 하였다. 인근학교와 함께 독
립만세운동을 전개하자고 제안한 것이 누구인지 정
확하지는 않으나 원용은이 만세운동 준비를 하는 동
안 박창신이 밀서를 전달한 것으로 보아 박창신이 제
안하고 직접 작성하는 것으로 역할을 분담했을 가능
성이 크다. 이렇듯 박창신은 덕산과 당진공립보통학
교를 찾아 함께 독립만세운동을 벌이자고 제안하였
다. 밀서의 내용은 정확히 알 수 없지만 '만일에 독립
만세를 부르지 않하면 그는 인면수심(즉 사람의 탈을 스
고 즘생의 마음 갖인 인간이라는 말)이라고 격려와 아울러
몹시 충격하는 모독적 협박적 문구'였다.[136] 그러나
두 학교는 '후사가 두려워 통지문의 문장이 여하(如何)

136　박상건, 「원용은의 3·1독립만세운동 거사록」(1977.
　　　이종원 증언), 『당진지역 항일독립운동사』, 당진문
　　　화원, 1991, 371~377쪽.

하다는 것을 이유들어 반려(叛戾)하였다'[137]는 이종원
과 원춘희의 증언으로 보아 밀서의 내용은 매우 격정
적인 문장이었고, 덕산과 당진보통학교 학생들은 밀
서의 문장을 들어 공동으로 독립만세운동을 전개하자
는 면천공립보통학교의 제안을 거부했던 것 같다. 이
로써 충남 최초의 보통학교 학생들의 독립만세운동
은 면천공립보통학교만이 단독으로 벌이게 되었다.

면천공립보통학교 학생 독립만세운동은 1919
년 3월10일에 일어났다. 마침 거사일로 정한 3월10
일이 일제의 육군기념행사일이었기 때문에 행사에
동원된 학생들이 행사를 마치는 대로 일찍 귀가하게
될 것이란 점을 이용하자는 계획이었다. 3월10일 원
용은과 박창신은 4학년 급장이던 이종원을 통해 각
학년 급장들에게 전교생을 면천 향교 뒷산으로 모이
게 하였다. 4학년 상급반 급장이 직접 나서 학생들을
모이게 하니 학생들이 쉽게 모일 수 있었다.

몽산 기슭에서 출발한 면천보통학교 학생들은
면천향교를 지나 면천읍내로 향했다. 면천공립보통
학교 전교생 모두가 참여한 독립만세운동은 학생들
모두가 일치단결하여 조직적으로 독립만세운동을 고
창하였다. 박창신은 학생 대열의 선두에 서서 원용은

---

137   박상건, 「원춘희 회고」, 『당진지역 항일독립운동사』,
       당진문화원, 1991, 381~391쪽.

과 함께 깃대를 높이 들고 대한독립만세를 선창하며 대오를 이끌었다. 그리고 독립만세운동을 마친 후에도 주동자를 자처하며 일제 경찰이 있는 면천 주재소에 자진 출두하였다. 이러한 면천공립보통학교 학생들의 당당한 조직적 대응에 일제는 주동자 박창신과 원용은을 구속하여 공주형무소에 수감하는 것으로 마무리하지 않을 수 없었다. 일제가 보통학교 어린 학생들의 독립만세운동에 대해 구속시키면서 까지 처벌하고자 했던 이유는 간단하다. 충남 최초의 보통학교 학생들의 독립만세운동이었기에 강력하게 처벌하는 것으로 본보기로 삼겠다는 의지를 내보인 것이다. 하지만 기소단계에서 검사의 불기소 처분으로 사건이 마무리되었다. 이유는 증거 불충분이었지만 보통학교 학생들까지 구속시켜 처벌하는 것이 부담스러웠을 것이다.

일제는 3월21일 검사의 불기소 처분으로 석방해야할 박창신과 원용은을 4개월이나 더 공주형무소에 가두어 두었다. 불법 구금을 계속한 것이다. 그 바람에 박창신은 19명이 졸업한 3월27일 면천공립보통학교 7회 졸업생으로 졸업하지 못하였다. 뿐만 아니라 면천공립보통학교에서는 박창신과 원용은에 대해 퇴학 처분하고, 학적부에서 이들의 존재 자체를 지워버렸다. 따라서 면천동립보통학교 공적 서류에는 박창신에 대한 기록이 없다.

면천공립보통학교에서 퇴학당한 박창신은 이후 합덕성당에서 운영하던 사립 매괴학교에서 학업을 이어갔다.[138] 매괴학교는 합덕성당 크램프(Krempff) 신부가 1907년 설립하여 1908년 6월14일 개교한 4년제 초등교육기관이었다. 매괴학교는 합덕성당에서 설립 운영한 카톨릭계 사립학교였지만 학생 모집에서는 신자와 비신자를 가리지 않았다. 박창신이 매괴학교에서 학업을 이어 가는데 아무런 제약이 없었던 것이다.

매괴학교를 졸업한 이후 박창신은 합덕을 중심으로 전개된 사회활동에 적극적으로 참여하였다. 1925년 6~10일 합덕면민들의 불이익을 시정하기 위해 열린 합덕면민대회에서 집행위원으로 참여한 것을 필두로, 1928년에는 당진기자동맹 창설에 참여하였고, 신간회 당진지회와 당진청년동맹 활동에도 적극 참여하였다. 같은 시기 면천공립보통학교 독립만세운동의 주역이던 원용은도 합덕에서 사법서사 사무실을 개업하고 있었다. 그렇지만 박창신과 달리 원용은은 사법서사 업무외에 사회활동에 나서지는 않았다. 이런 사정으로 박창신과 원용은은 같은 시기 합덕에서 생활하였지만 서로 함께 하지는 못했다.

이상과 같은 박창신의 활동은 일제강점기 사회주의 계열의 독립운동가들이 전개하였던 민족해방운

---

138   박일순 증언(2018. 9. 16.).

동의 한 형태였다. 실제로 박창신은 1932년 1월25일 주윤흥과 함께 합덕 주재소에 체포되어 서울 종로경찰서로 이송되었는데, 당시 신문기사에는 재건 공산당사건이라 보도하였다.[139] 이러한 사실로 보아 박창신은 이 시기 사회주의 활동가로 민족해방운동에 적극 가담하고 있었다는 것을 알 수 있다. 박창신의 활동은 꼭 합덕에만 국한되었던 것은 아니었다. 본격적으로 독립운동을 시작한 박창신은 이후 만주로 망명하여 활동하였다고 하고,[140] 국내에 있으면서 공유수면 매립 신청을 하는 등 다양한 형태의 활동을 이어갔다. 이러한 박창신의 활동은 해방 이후 한국전쟁 중 합덕면 인민위원장을 맡는 계기가 되었고, 결국 희생되었다. 그나마 다행스런 것은 박창신의 죽음을 알려준 주변 사람의 도움으로 주검을 찾아 매장할 수 있었다는 사실이다. 그의 무덤은 합덕읍 대전리 내동에 있다.

박창신의 삶은 파란만장했다. 그는 일제강점기 3·1혁명을 통해 민족의식에 눈을 떴고, 자주독립을 위해 헌신했다. 하지만 그의 죽음은 독립운동가의 최후로는 너무나 비참했다. 그렇게도 그리던 해방된 조국은 한 독립운동가를 지켜주지 못했다. 이렇듯 한국현대사는 아픈 역사이다.

---

139   『조선일보』, 1932년 1월30일.

140   박일순 증언(2018. 9. 16.).

4월4일 대호지 · 천의장터에서는 무슨 일이 일어났었나?

대호지와 정미면은 1895년 조선말기 군현을 정비하면서 해미군에 속해 있었다. 이후 1914년 일제가 행정구역을 개편하였는데 해미군, 태안군이 서산군에 편입되면서 해미군에 속해 있던 대호지와 정미면도 서산군의 20개 면으로 속하게 되었다. 대호지와 정미면이 당진군으로 편입된 것은 최근의 일로 1957년이다.

대호지 · 천의장터 독립만세운동은 1919년 4월4일에 일어났다. 1919년 3·1혁명이 일어나자 전국에서 독립만세운동이 전개되었고, 충청도 전역에서도 3월 말, 4월 초에 독립만세운동이 들불처럼 일어나게 되었다. 대호지 · 천의장터 4.4독립만세운동도 이때 일어났다. 대호지에서 독립만세운동이 일어나게 된 계기는 고종의 인산을 보기 위해 경성에 갔던 남주원, 이대하, 이두하, 남계창, 남상직, 남상락이 경성에서 3·1혁명을 목격한 후 귀향하여 독립만세운동을 계획하면서 부터였다. 이후 대호지 · 천의장터 독립만세운동은 대호지면사무소에서 천의장이 서는 4월4일을 골라 독립만세운동을 벌이기로 계획하고 도로 정비를 하겠다며 면민을 소집하였고, 다수의 면민이 모이자 면장인 이인정이 독립만세운동을 제안하는 연설을 하였고, 남주원이 독립선언문을 낭독하였다. 면사무소에 모인 면민의 반응은 뜨거웠다. 지도부는 계획했던 대로 천의장으로 이동하면서 독립만세를 외쳤다. 천의장터에 도착한 이후에는 장꾼까지 합세하면서 대규모 독립만세운동으로 확대되었다. 천의장터에서 독립만세운동이 벌어졌다는 소식이 전해지자 일제는 가까운 당진경찰서 순사를 동원하여 평화롭게 독립만세를 부르던 시위대에 총을 발사하여 4명을 다치게 하였다. 하지만 이미 장꾼까지 합세하여 규모가 확대된 시위대는 일본 순사를 구타하고 정미면소와 주재소를 습격하여 무기를 빼앗는 등 평화적인 독립만세운동은 격렬한 양상을 띠게 되었다. 독립만세운동이 확대되자 일제는 만세운동 주동자를 찾는다며 군경을 동원하여 강경한 탄압을 시작하였다. 이날의 항거로 수많은 구속자가 생겼고, 현장 학살 1명, 옥중 고문치사 3명 등의 인명피해가 발생하였다.

대호지·천의장터 독립만세운동의 특징은 대호지면의 면서기들이 중심이 되어 대호지면의 면장에서부터 면민에 이르기까지 면민 다수가 참여하여 전개한 독립만세운동이었다는 점이다. 또 다른 특징으로는 천도교인들의 조직적 개입과 참여 그리고 대호지라는 오지에서의 특성에 따른 주민들의 적극적인 참여를 통해 이루어졌다는 점을 들 수 있겠다. 또한 대호지 천의장터 독립만세운동은 대호지 면민들이 독립만세를 부르며 천의장터로 이동하면서 주변의

많은 주민들이 대거 참여하게 되었는데 이렇게 다양한 민중이 함께 독립만세운동을 벌였다는 점에서 특별한 의미를 갖고 있다고 할 수 있다. 3·1혁명 과정에서 전국에서 수많은 독립만세운동이 전개되었지만 대호지·천의장터 독립만세운동처럼 전 면민이 다수가 참여하여 조직적으로 독립만세운동을 벌인 경우는 드물었다. 따라서 대호지·천의장터에서 벌어진 4.4독립만세운동은 주변에 널리 알려지게 되었고, 인근 지역에서도 대호지·천의장터 독립만세운동의 영향을 받아 곳곳에서 독립만세운동이 끊이지 않았다.

이러한 대호지·천의장터 독립만세운동의 특징에 따라 독립만세운동을 준비하고 주도하여 실천했던 세력을 살펴보면, 인위적인 구분이 무의미하다 싶을 정도로 유기적인 관계 속에서 독립만세운동을 준비하고 주도한 것이었지만, 대호지면사무소에 근무하고 있던 이인정 면장을 비롯한 송재만 등 면서기 집단과 백남덕, 민재봉 등 천도교세력, 도호의숙 중심의 유림세력으로 구분하여 볼 수 있겠다. 이들 주도 세력들은 인적 구성이 다르고 성향이 달랐으며 출발선이 달랐지만 일제의 식민지로 전락한 조국의 자주독립을 위한다는 목표와 방향은 같았다. 그렇기 때문에 독립만세운동이라는 큰 틀에서 작은 차이를 극복할 수 있었고 하나가 될 수 있었다.

면민 모두를 이끈 대호지 천의장터 독립만세운동의 주역 이인정

대호지·천의장터 독립만세운동에서 주요한 역할을 한 인물은 여럿이었지만 그 중에서도 대호지면 면장이던 이인정의 역할이 매우 컸다. 면장이 직접 독립만세운동을 하고 나섰기 때문에 대호지면 면민들이 모두 독립만세운동을 함께할 수 있었던 것이다. 이런 측면에서 보면 이인정은 대호지 천의장터 독립만세운동의 상징적인 인물이라고 할만하다. 실제로 전국에서 전개된 수많은 3·1독립만세운동이 있었지만, 면장이 직접 나서 독립만세운동을 주도한 경우는 매우 드물었고, 이러한 점에서 당시에도 주목을 끌기 충분했다.

이인정은 1859년 생으로 1919년 당시 61세의 고령이었다. 이인정은 대호지면 사성리 510번지에 살았는데, 사성리에는 이인정 가문인 전주이씨들이 집성촌을 이루고 살고 있었다. 이인정은 1894년 과시에 합격하여 한말 벼슬길에 올랐고, 1897년에는 오늘날 경북 경산시에 속하는 자인군의 군수가 되었다. 『고종실록』에 의하면 이인정은 1898년 7월까지 자인군수로 재직했음이 확인되지만, 1899년 3월8일 『승정원일기』에는 전 자인군수 이인정에 대한 징계

이인정의 모습. 3·1혁명 당시 61세의 고령이었다.

를 해제했다는 기사가 있다.[141] 이것으로 보아 이인정은 좋지 않은 일에 연루되어 그 이전에 징계를 받았고, 1899년에는 자인군수를 그만 두었던 것으로 보인다.

이후 이인정에 대한 기록은 1908년 '기호흥학회' 해미지부 명단에서 확인된다. '기호흥학회'는 정영택 등 기호지방 인사들이 1908년 1월 민족자강을 위한 교육계몽운동을 목적으로 창립한 단체로 1908년 7월에는 '기호흥학회 해미지회'가 설립되었다. '기호흥학회 해미지회'는 설립 당시 회원으로 김용학, 윤세영 등과 함께 이인정이 포함되어 있었다.[142] 이

---

141 『고종실록』, ;『승정원일기』 3090책(탈초본 139책), 고종 34년 11월 15일, 경자 6/16 기사.

142 「.본회기사」, 『기호흥학회월보』2, 1908년 9월, 61쪽.

러한 사실로 보아 이인정은 자인군수를 그만 둔 이후 해미군에 속해 있던 대호지에서 애국계몽운동에 깊이 관여하고 있었음을 알 수 있다.

　　이인정이 대호지면장으로 취임한 것은 1914년 4월1일의 일이다. 일제의 지방 행정 개편에 따라 이인정이 초대 면장이 된 것이다. 이인정은 1919년 4월4일 당시에도 여전히 면장으로 재직하고 있었다. 일제강점 초기 일제는 강력한 무단정치를 통해 조선인을 통제하였다. 따라서 면장은 일제 통치기구 중 말단 행정기구의 장으로 일제에 협조적이었을 것임은 분명한 사실이다. 이러한 이인정이 대호지 면장으로 대호지에서 독립만세운동을 계획한 것은 장남인 이두하와 조카 이대하와 관련이 있을 것으로 보인다. 1919년 고종의 갑작스런 서거로 대호지 유생들이 인산에 참여하기 위해 경성을 찾게 되었는데, 이때 이두하와 이대하가 함께 한 것이다. 이밖에도 대호지에서는 고종의 인산을 보기 위해 여럿이 함께 했는데, 남주원, 남상돈, 남상락, 남상직, 남계창 등이다.[143] 이들은 대호지에 돌아와 이두하, 이대하 등과 함께 경성에서 본 3·1독립만세운동을 대호지에서 펼치기로 결의하였다.

143　김남석,『일제강점기 당진지역 민족운동 연구』, 충남대학교 박사학위논문, 2010, 58쪽.

이에 따라 이인정의 조카인 이대하의 생일을 이용하여 구체적인 논의를 전개하게 되었다. 이 자리에는 이인정, 남주원, 송재만, 남상돈, 이춘응, 남상집, 한운석, 남상락, 남상직, 이대하, 남상은 등 40여명이 참석하였다. 면장인 이인정이 처음부터 이들과 뜻을 같이 했는지, 의도적으로 이인정을 끌어들이기 위해 마련된 자리였는지는 분명하지 않지만 이 자리에서 이인정은 총 책임자가 되었다.[144] 이로써 대호지 천의장터 독립만세운동은 대호지면 전체 차원에서 조직적으로 독립만세운동을 계획하고 준비할 수 있게 된 것이다.

이인정을 비롯한 주동자들은 독립만세운동을 확대하기 위해 인근 주민들이 많이 모일 수 있는 4월 4일 천의장에 맞추어 대대적인 독립만세운동을 전개하기로 하고, 거사에 필요한 책임부서를 차례로 정하였다. 그리고 4월2일 각리 구장들에게 대호지면 명의의 "도로수선병목정리의 건"이라는 공문을 방송하여 각 마을에서 집집마다 1명씩 대호지면 사무소로 모이게 하였다.[145] 대호지면에서 공문을 통해 전달되는

144　김남석,『일제강점기 당진지역 민족운동 연구』, 충남대학교 박사학위논문, 2010, 60쪽.

145　이인정 한운석 김양칠 송재만 판결문, 국가기록원, 관리번호 : CJA0000148 문서번호 : 771442.

일이니 만큼 4월4일 당일 8시에는 아침 일찍부터 도로정비를 위해 수많은 면민들이 면사무소로 모여 들었다.

대호지면 사무소에 모인 면민은 모두 4~500명에 이르렀다. 면사무소에는 송재만이 준비한 30척 대나무에 옷감으로 만든 태극기가 펄럭였다. 도로 수선을 하겠다고 해서 모인 주민들로서는 의아하지 않을 수 없는 광경이었다. 주민들은 여기저기서 웅성이고 노닥거리기도 하였지만 긴장한 모습이 역력했다. 면민들이 모두 모이자 이인정은 주민들을 향해 연설을 시작하였다. "여러분을 모이게 하였음은 도로 수선을 하고자 함이 아니라 조선 독립운동을 일으키고자 하는 것이니 여러분은 이에 찬동하여 조선독립만세를 힘차게 부르며 동군 정미면 천의 시장을 향하라"는 내용이었다. 이어서 남주원이 나섰다. 남주원은 고종 인산을 보러 경성에 다녀오면서 가져온 독립선언서를 면민들을 향해 낭독하였다. 이어서 한운석이 지은 "간교한 일본은 강폭하게 주장하여 끝내 우리나라를 억지로 빼앗아 우리들은 이렇게 통탄과 조우하여 살아도 죽은 것 같고 죽어서는 장지조차 없다. 이러한 원수는 갚아야만 한다. 각 사람의 힘을 모아 한마음으로 협력하여 불구대천의 원수를 갚고, 무궁한 전세의 우리 국가를 독립시키자"는 내용의 애국가 400매를 인쇄하여 면민들에게 나누어 주었다.[146] 다음으로 면장인 이인정이 나서 조선독립만세를 선창하였다. 그 순간 대호지면 사무소에 모인 면민들은 면사무소가 떠나가도록 조선독립만세를 불렀다. 만세를 부르는 면민들의 모습은 당장이라도 독립을 이룬 듯 기뻐하였다. 그리고 면민들은 모두 천의장터를 향해 나갔다. 천의장터로 향하는 모습은 행렬이 길게 이어져 마치 한 마리 용이 움직이는 듯하였다. 그 행렬의 선두에는 면장인 이인정이 말을 타고 이끌었다.

천의장터에 도착한 시위대는 천의장터 주변을 돌며 조선독립만세를 불렀다. 천의 장날에 맞춰 수많은 장꾼들이 모여 들었다. 독립만세운동의 규모는 더욱 불어났다. 그렇게 많은 사람들이 모여 만세를 불렀지만 방법은 평화롭기 그지없었다. 만세운동을 마친 오후에는 여기 저기 흩어져 오랜만에 만난 지인들과 술도 마셨다. 그러나 이렇게 평화롭게 진행된 대호지 천의장터 독립만세운동은 당진경찰서에서 응원 나온 순사들의 발포로 인해 순간 아수라장이 되었다. 몇 사람이 쓰러졌고, 이에 흥분한 시위대는 격렬하게 저항하여 천의경찰주재소를 파괴하였다. 이 과정에서 상원상정(上原尚定)순사가 가지고 있던 환도를 빼

<hr>

146 이인정 한운석 김양칠 송재만 판결문, 국가기록원, 관리번호 : CJA0000148 문서번호 : 771442.

앗았으며, 송재만과 이대하는 일본인 전고족수(田尻
足穗)의 집을 쳐들어가 엽총1정 권총1정의 총기를 빼
앗아 왔다. 사태가 여기에 이르자 이인정은 송재만과
이대하에게 명령하여 빼앗아 온 무기를 모두 회수하
도록 하였다. 그리고 무기는 적서리의 한적한 야산에
숨겨 두도록 하였다.[147]

이상의 대호지 천의장터 4.4독립만세운동으로
인해 이인정은 주동자로 체포되어 구속되었다. 물론
면장의 지위도 4월4일이 마지막이었다. 면장의 지휘
아래 벌어진 대호지 천의장터 독립만세운동은 당시
에도 많은 사람들이 주목하였다. 당시 조선총독부 기
관지인 『매일신보』는 1919년 4월14일 보도를 통해
소식을 전하였다.

서산 천의장에셔 소요
서산군 졍미면 천의시에셔눈 ᄉ월 ᄉ일 쟝
날을 리용ᄒ야 군즁 약 천여 명이 만셰를
고창ᄒ고 시의 폭행ᄒ야 면소와 천의시 경
찰쥬재소 유라창을 파쇄ᄒ얏다눈 급보를
듯고 당진경찰셔에셔 슌사를 파송ᄒ야 해
산식히고 쥬모될만한 대호지면장 리인정과

147　　이인정 챤운석 김양칠 송재만 판결문, 국가기록원,
　　　관리번호 : CJA0000148 문서번호 : 771442.

동면 사셩리 남쥬원을 체포ᄒ야 당디경찰
셔로 인치취조중이라더라[148]

　대호지 천의장터 독립만세운동이 크게 벌어져
큰 폭력사태로 이어졌다는 것이고, 당진경찰서 순사
가 급파되어 시위대를 해산시키고 주모자로 면장인
이인정과 남주원을 지목하여 체포했다는 내용이다.
하지만 이 기사는 일제가 기관지를 통해 사실관계조
차 교묘하게 왜곡하고 있음을 알 수 있게 하는 기사
에 불과하다. 독립을 요구하는 평화적인 독립만세운
동에 대해 총기를 사용하여 진압함으로써 폭력을 유
발하였으면서도 마치 시위대가 처음부터 계획적으로
폭력을 행사한 것처럼 사실을 왜곡하고 있는 것이다.
　대호지·천의장터 독립만세운동으로 체포된 이
인정에게 일제 검찰은 보안법위반, 소요, 출판법위
반, 공문서위조행사 등을 적용하여 재판에 넘겼다.
결국 이인정은 10월24일 공주지방법원에서 징역 1
년6월의 실형을 언도받았다. 하지만 이인정을 비롯
한 대호지·천의장터 독립만세운동을 주도한 주동자
들은 이에 굴하지 않고 항소하여 법정투쟁을 이어갔
다. 그 결과 이인정은 경성복심법원에서 징역 1년형

148　『매일신보』, 1919년 04월 14일 3면 5단 "各地의 騷
　　擾".

으로 감경되었다. 그렇지만 이인정은 경성복심법원의 감형판결에 만족할 수 없어 다시 상고하였다. 이인정은 상고 이유로 "우리의 행위는 조선민족으로서 정의 인도에 기본하여 전개한 의지의 발동으로 범죄에 있지 않다. 그리하여 제1심, 제2심에 있어 받은 바 있는 유죄판결은 부당하므로 복종할 수 없고 위법이다"[149]라고 주장하였다. 상고의 목적이 감형이 있지 않았던 것이다. 공개된 재판을 통해 조선민족은 독립해야 하고 독립만세운동은 정당한 의지의 발동이기 때문에 죄를 물을 수 없다는 주장으로 일제에 대해 끝까지 법정투쟁을 전개하겠다는 뜻이다. 이러한 법정투쟁은 당시 민족대표 33인을 포함한 수많은 3·1혁명 관련 체포자들과 비교해 봐도 쉽게 볼 수 없었던 당당한 주장이다.[150] 이러한 이인정의 주장은 일제의 식민지 지배의 부당성을 항의하는 것일 뿐만 아니라 일제가 3·1혁명을 폭력행위로 몰아 처벌하려는 행위가 얼마나 부당한 것인지를 지적하고 있는 것

149　이인정, 한운석, 김양칠, 송재만 판결문 (1920년 2월 7일, 고등법원), 국가기록원 CJA0000476.

150　물론 다른 독립운동가들이 가혹한 처벌을 피하고자 하는 목적에서 의도적인 진술을 했다고 볼 수도 있겠지만 다수의 독립운동가들 중 독립만세운동을 했던 사실을 당당하게 주장한 경우는 많지 않았다.

이다. 또한 일제의 합법적 공개재판의 허구성을 규
탄함으로써 법정투쟁을 통해 또 다른 형태의 독립운
동을 수행하였다고 볼 수 있다. 그러나 일제는 1920
년 2월7일, 이인정의 정당한 주장에 대해 "원심 적용
의 법조에 해당한 것이 명확하며 범죄가 아니라는 주
장은 이유가 없음"으로 기각한다는 판에 박힌 판결을
내렸고, 이인정은 1년형이 확정되었다.[151]

이인정이 수감생활을 한 곳은 서대문형무소였
다. 서대문형무소의 수감생활은 지옥에 다름 아니었
다. 이미 대호지·천의장터 독립만세운동으로 수감
되었던 김도일, 박경옥, 이달준은 공주형무소에서 옥
중 순국하였을 정도로 일제의 고문과 만행은 극에 달
해 있었다. 이인정의 수감생활에 대해서『매일신보』
는 "칠흑같은 우중충한 감옥에서 흰죽과 콩밥으로 단
배를 주리면서 그물뜨기와 피나마 만들면서 향촛농
으로 늦은 불빛을 모악재의 검은 빛을 시름없이 보내
던"이라는 표현으로 보도를 하였다. 이를 통해 62세
의 고령이었던 이인정의 징역살이가 어떠했을 것인
지는 충분히 짐작할 수 있다.

이인정은 1920년 8월7일 "왕세자 가례의 은사

---

151 이인정, 한운석, 김양칠, 송재만 판결문 (1920년 2
월 7일, 고등법원).

로 인하여 각 육개월로 감형이 되어” 출소하였다.[152]
영친왕 이은이 1920년 4월28일 일본에서 가례를 올
리게 된 것을 기념하여 이인정이 6개월을 감형받았
던 것이다. 그런데 이인정에게 확정된 징역 1년형은
6개월로 감형되었는데도 1년 4개월 동안이나 징역살
이를 한 셈이 된다. 이것으로 보아도 일제가 독립운
동가들에 대해 합법을 가장하여 얼마나 악랄하게 탄
압했었는지를 알 수 있게 하는 대목이다. 이인정이
출옥하던 날 서대문형무소 앞에는 수많은 가족과 친
지들이 모여 들었다. 그때의 분위기를『매일신보』는
“모두 희희락락한 얼굴로 옥문을 나와서 마침 기다리
고 있던 그의 가족과 서로 만나는 과정은 세상에 어
찌 이에 지나가는 반김이 있으리오. 보는 사람으로
하여금 감동의 눈물을 참지 못하겠더라”[153]고 묘사
하였다.

　출옥한 이후 이인정은 가산이 기울어 경제적인
어려움을 겪었다. 그도 그럴 것이 일제가 독립만세
운동 과정에서 발생한 물적, 인적 피해는 물론 막대

152　『매일신보』, 1920년 08월 09일 3면 11~12단 “만면
　　　환희로 출옥한 瑞山의 萬歲犯人 李富.

153　『매일신보』, 1920년 08월 09일 3면 11~12단 “만면
　　　환희로 출옥한 瑞山의 萬歲犯人 李富正 외 이명, 지
　　　나간 칠일 서대문 감옥을 나왔다”.

한 재판비용을 이인정을 비롯한 주동자들에게 연대
책임을 지웠기 때문이다. 특히 조카인 이대하는 징역
4년 및 벌금 30원을 언도받아 이인정 가문의 경제적
어려움은 더욱 가중되었을 것이다. 따라서 대호지·
천의장터 독립만세운동의 주동자였던 이인정 집안은
경제적으로 몰락하여 가산을 처분하지 않을 수 없었
다. 그리고 1927년 정미면 산성리로 이사를 가게 되
었고, 이인정은 1934년 75세를 일기로 사망하였다.
독립운동을 하면 3대가 빌어 먹게 되고, 친일을 하면
누대가 영화를 누린다는 말이 이를 두고 한 말인 듯
해서 씁쓸하다.

대호지·천의장터 독립만세운동을 이끈 신지식인 남주원

 대호지·천의장터 독립만세운동은 대호지면의 대다수 면민들이 독립만세를 불렀던 것으로 유명하다. 이렇게 면민 다수가 한 마음으로 독립만세운동을 전개할 수 있었던 것은 여러 가지 요인이 있을 수 있겠으나 그 중 향촌사회에서 중심적 역할을 해 오던 유림 중심의 문화, 문중의 존재와 역할을 무시할 수는 없다. 물론 조선말기 대부분의 유림들은 성리학을 교조적이고 원리적으로 해석하면서 조금의 차이도 인정하지 못하고 이단으로 몰아 세상의 변화에 조응하지 못하였다. 이러한 성리학과 유림의 한계는 나라를 몰락의 구렁텅이에 빠트렸을 뿐 아니라 망국의 위기에서도 극복할 힘을 발휘하지 못하게 했던 요인이기도 하다. 그리고 시간이 흐른 1919년까지도 대다수의 유림들은 여전히 시대의 변화를 알아채지 못한 채, 제국의 부활을 꿈꿨던 시대적 미아였다. 이런 유림들의 존재가 자주독립과 만민평등의 공화정치를 꿈꿨던 조선민중에게 어떤 영향을 미쳤을까는 3·1혁명의 결과가 말해 주고 있다. 하지만 향촌사회에서 미치는 영향력만큼은 완전히 무시할 수는 없었다. 특히 대호지면에서는 의령남씨들이 오랜 세월 세거하고 살면서 쌓아 왔던 신뢰는 3·1혁명이라는 거대한 물줄기를 만나 빛을 낼 수 있었다. 이들 의령남씨 문중에

노년의 남주원, 그는 중동학교를
나온 신지식인이었다.

서도 중심적 역할을 했던 인물이 바로 남주원이었다.

남주원은 정유재란 때 순국한 남유와 정묘호란
때 안주성에서 순국한 평안병사 남이흥의 후손이다.
남이흥의 장남인 남두극이 대호지에 낙향하여 살게
되면서 대호지 정미면 일대에는 의령남씨들이 세거
하여 집성촌을 이루게 되었다. 대호지의 의령남씨들
은 이러한 가풍의 영향으로 민족의식이 강했고, 1919
년 3·1혁명을 맞아 독립만세운동에 적극적으로 참
여할 수 있었다. 특히 대호지면 사성리의 남주원 집
을 남병사댁으로 불렀는데 이는 남주원의 할아버지
인 남명선이 종2품의 한성부 우윤, 장위영 병방 경무
사를 지냈었기 때문이다.[154]

---

154 이정은, 「당진 대호지 4·4독립만세운동의 전개과정

남주원은 1893년생으로 3·1혁명 당시 27세의 청년이었다. 남주원이 살던 사성리는 인천으로 가는 정기선이 있을 정도로 큰 포구가 있었다. 남주원의 집은 인근에서 가장 크고 재력이 넉넉하여 사성리 포구를 통해 경성을 오가는 많은 사람들은 남병사댁에서 식객으로 신세지는 경우가 많았다고 한다. 여기에 대호지면장이던 이인정이 사성리에 살고 있었고, 이인정의 아들 이두하는 남주원과는 둘도 없는 친구사이였다. 이러한 조건이 3·1혁명 때 남주원이 주요한 역할을 할 수밖에 없게 하였고, 인근의 사람들은 4월 4일 대호지·천의장터 독립만세운동은 남병사댁에서 이루어졌다는 평가가 나올 수 있었던 배경이다.

남주원은 일찍이 의령남씨 문중에서 운영했던 도의의숙에서 수학하였다. 도호의숙은 의령남씨들이 자제들을 교육시킬 목적으로 대호지면 도이리에 세웠던 종가교육시설이었다. 도호의숙에서 한학을 수학한 남주원은 서울의 사립중동학교와 호동 사립해동신숙을 졸업하고 대호지에 돌아와서는 해미공립보통학교 학무위원을 지냈다.[155] 그리고 사성리에 도호

과 특성」, 『당진 대호지 4·4독립만세운동 학술고증 용역보고서』, 2007, 64쪽.

155 　朝鮮紳士大同譜, 778쪽: 이정은, 「당진 대호지 4·4독립만세운동의 전개과정과 특성」, 『당진 대호지 4·4

의숙의 분교격인 반곡서당을 세워 교육사업을 전개
하기도 하였다. 이러한 남주원의 이력을 통해 알 수
있는 사실은 엄밀하게 말해서 남주원을 유림의 일원
으로 분류할 수는 없다는 점이다. 남주원이 가풍의
영향으로 유림의 영향에서 쉽게 벗어났다고 볼 수는
없겠지만 이미 개화사상을 받아들여 신식 교육을 받
았던 개화 지식인이었고, 신식교육을 고향에서 실천
하고자 했던 신지식인이었다는 사실이다. 따라서 남
주원의 존재를 통해 대호지 · 천의장터 독립만세운동
이 유림이 주도했다거나 유림의 영향력이 관철되었
다는 주장은 사실관계에 맞지 않는 주장이다.

남주원이 대호지 · 천의장터 독립만세운동에서
주도적 역할을 하게 된 계기는 고종의 갑작스런 서
거로 국장이 치러지게 되면서였다. 고종의 인산을 보
기 위해 남주원이 경성을 방문하게 되었고, 마침 경
성 시내에서 3월1일부터 대대적으로 독립만세운동
이 벌어졌던 것이다. 대호지에서 남주원과 함께 경성
에 올라갔던 사람들은 남상돈, 남상락, 남상직, 남계
창, 이두하, 이대하 등이었다. 경성에서 벌어진 3 · 1
혁명을 목격한 남주원 등 일행은 3 · 1혁명을 목격하
였을 뿐만 아니라 태극기와 독립선언서를 얻어 인천

독립만세운동 학술고증용역보고서』, 2007, 66쪽.

에서 배를 타고 대호지로 돌아왔다.

대호지로 돌아온 남주원과 일행들은 경성에서 본 3·1혁명의 강렬한 인상을 잊을 수가 없었다. 그래서 함께 경성을 다녀온 사람들을 중심으로 대호지에서 독립만세운동을 펼치기로 결심하였다.

대호지에서 독립만세운동을 일으키기 위해서는 일제의 눈을 피해 준비해야 할 일이 많았다. 1919년 당시는 일제가 3·1혁명의 확산을 막기 위해 잔혹한 탄압도 서슴치 않았던 때였다. 이러한 탄압에도 3·1혁명이 격화되자 일제는 감시와 탄압은 물론 밀정을 보내 정보 수집을 하고 독립만세운동 계획을 사전에 알아내서 독립만세운동을 좌절시키려 하였다. 따라서 대호지에서도 일제의 감시를 따돌리고 독립만세운동을 일으키기 위해서는 비밀스런 준비가 필요했다. 남주원은 원래부터 손님의 출입이 잦았던 자신의 사성리 집에서 자연스럽게 모임을 가졌다. 주로 이두하, 이대하 등 젊은 층이 남주원의 사성리 집에 모여들었다. 그래도 불안 요소가 있을지 몰라 모임은 밤에 이루어졌고, 모임이 있는 날이면 밀정들의 감시가 있을까 해서 보초를 세우는 등 만반의 대비를 하였다. 그리고 독립만세운동에 필요한 경비는 대호지에서 가장 재력이 넉넉했던 남주원이 도맡아 해결하였다.

대호지에서 독립만세운동을 준비하는 세력은 남주원을 중심으로 한 청년층만이 아니었다. 대호지면에서 면서기들도 독립만세운동을 준비하고 있었고, 천도교인들도 별도로 독립만세운동을 준비하고 있었다. 이러한 준비과정을 거치면서 독립만세운동의 규모는 자연스럽게 대호지면민 전체가 참여하는 규모로 확대되었다. 대호지면민들이 전체적으로 참여하기 위해서는 면장인 이인정이 앞장설 수 있다면 더할 나위 없이 좋을 것 같았다. 마침 남주원과 함께 독립만세운동을 준비하고 있던 이대하는 면장인 이인정의 조카였고, 남주원의 친한 친구인 이두하는 이인정의 장남이었다. 아들과 조카, 아들의 가장 친한 친구가 앞장서는 독립만세운동에 현역 면장인 이인정이 동참하였다. 현역 면장인 이인정이 독립만세운동에 동참함으로써 대호지·천의장터 독립만세운동은 이미 성공한 것과 다름없었다.

마침내 4월4일 오전 8시, 대호지면 사무소 앞에는 4,5백명의 면민들이 모여들었다. 천의장터에서 가까운 마을의 일부 면민들은 천의장터로 가는 길에 합류하기로 하였다. 하지만 막상 송재만이 준비한 태극기가 휘날리고, 한운석이 쓴 애국가를 인쇄하여 돌려지자 면민들의 표정은 긴장한 빛이 역력했다. 남주원은 이런 면민들에게 술을 대접하며 용기를 북돋아 주었다. 그리고 면민들이 가득한 자리에서 남주원은 경성에서 가져온 독립선언서를 낭독하였다. 우레와 같은 박수와 함께 독립만세의 함성소리가 터져 나왔다.

천의장터로 향한 시위대는 장터에 이르러 천여 명으로 불어났다. 천의장터에 도착한 시위대는 줄을 이루어 천의장터와 정미면사무소 주위를 돌면서 평화로운 독립만세운동을 전개하고 독립만세를 외쳤다. 남주원은 천의장터 한복판에서 경성에서 본 독립만세운동 소식을 전하고 조선이 독립해야 한다고 호소하는 연설을 하였다. 남주원의 연설이 이어지자 그동안 지켜보고 있던 일제 순사들이 당진경찰서에서 온 순사들과 합세하여 연설을 중단시키고 태극기를 빼앗으려 덤벼들었다. 평화롭게 진행되던 독립만세운동은 이때부터 격화되었다. 독립만세운동을 저지하던 일제 순사들은 성난 군중들에게 붙잡혀 얻어터졌고 군중들이 시키는 대로 독립만세를 부르지 않을 수 없었다. 그리고 천의경찰주재소는 파괴되었다.

이러한 대호지·천의장터 독립만세운동은 인근 내포지방에서 일어난 독립만세운동 중 가장 격렬하게 전개된 독립만세운동이었다. 이에 따라 대호지·천의장터 독립만세운동에 앞장섰던 많은 사람들이 일제에 붙잡혀 처벌받았다. 남주원 역시 대호지·천의장터 독립만세운동의 주동자로 붙잡혀 구속되었다. 조선총독부 기관지였던 매일신보는 대호지·천의장터 독립만세운동 소식을 보도하면서 대호지·천의장터 독립만세운동의 주동자로 이인정과 함께 남주원이 체포되어 당진경찰서에서 취조 중이라는 소식을 전하고 있다. 이후 남주원은 공주형무소에 갇혔고, 공주지방법원에서 징역 1년의 실형을 선고받았다.

대호지·천의장터 독립만세운동을 통해 실형을 선고받은 인원은 모두 39명에 이른다. 그중 이인정, 한운석, 김양칠, 송재만은 항소와 상고를 통해 끝까지 법정투쟁을 이어 갔지만, 남주원은 1919년 10월25일 1심 선고 이후 별도의 항소를 제기하지 않았다.[156] 이로써 남주원에 대한 공주지방법원 1심 판결은 그대로 확정되었다. 남주원이 출감한 것은 1920년 10월23일이었다. 1년의 실형을 선고받고, 실제 징역살이는 꼬박 1년6개월을 한 셈이 된다. 이렇듯 일제의 법집행은 합법을 가장한 독립운동 탄압에 불과했음을 알 수 있게 한다.

징역살이를 마치고 대호지로 돌아온 남주원은 이후 재산을 처분하고 이곳 저곳을 전전하며 살았다. 남주원은 원래 대호지의 대표적인 부호였다. 남주원의 재산은 대호지면 전역에 걸쳐 전답만 200필지 21만평이 넘었던 것이 확인된다. 또한 남주원의 대호지면 사성리 본가는 대지만 2,433평에 달했고, 100간이 넘는 대저택이었다. 따라서 남주원의 집에는 식솔들이 많았고, 이들 역시 남주원과 함께 대호지·천

---

156   국가기록원, 이인정 외 33인 판결문.

의장터 독립만세운동에 참여하였던 것은 같은 주소를 가지고 처벌 받았던 기록을 통해 확인할 수 있다. 이렇듯 남주원은 막대한 재산을 아까워하지 않고 대호지·천의장터 독립만세운동에 필요한 경비를 책임졌다. 그러니 주변에서 대호지.천의장터 독립만세운동이 '남병사 댁'에서 이루어졌다는 말이 회자되었던 것이고, 실제로 남주원이 독립만세운동을 이끌었다 해도 지나친 말이 아니다.

남주원은 1년6개월의 징역살이를 마친 후 그 많았던 재산을 모두 처분하였다. 그것도 1921년 6월부터 1922년 1월까지 6개월 사이에 집중적으로 매각하였다.[157] 이렇게 일시에 재산을 모두 처분하였던 이유가 무엇이었는지는 정확히 알 수 없고, 쉽게 납득하기 어려운 일이지만, 대호지·천의장터 독립만세운동과 관련이 있었던 것으로 이해할 측면이 있다. 왜냐하면 당시 일제는 막대한 재판 비용을 피고인들에게 전가하였고, 이로 인해 피고인들은 재판 비용을 갚기 위해 빚을 지거나 재산을 처분해야 했다. 대호지·천의장터 독립만세운동에 참여하여 처벌받은 주변 사람들의 경제적 상황을 고려해 보면, 재판비용 변재 문제와 관련이 있었을 것으로 추측

---

157   김남석, 『일제강점기 당진지역 민족운동 연구』, 충남대학교 박사학위논문, 2010, 73~75쪽.

해 볼 수 있다. 아무튼 남주원은 이해하기 어려울 정도로 갑작스럽게 재산을 처분하였던 것이 사실이다.

모든 재산을 처분한 남주원은 이후 뚜렷한 활동 기록이 없다. 조상 대대로 살았던 대호지를 떠나 전국을 떠돌며 살았다. 재산을 모두 처분하고 처음 이사한 곳은 1922년 4월의 일로 경성부 예지동이었다. 이어 경성부 죽림동으로 이사하였고, 1926년에는 경기도 시흥군 남면 당정리로 이사하였다. 그리고 곧바로 이듬해인 1927년에는 고향과 가까운 아산군 염치면 백암리로 이사하였다. 한동안 아산에서 생활하던 남주원은 1935년 서산군 부석면 지산리로 이사하였다. 그리고 해방을 맞은 이듬해인 1946년 아산군 영인면 아산리에서 죽음을 맞이하였다.

대호지·천의장터 독립만세운동이 생존자들의 증언을 통해 세상에 알려진 것은 1970년대 이후이다. 그 후 1982년 대호지·천의장터 독립만세운동에 참여하였다 처벌받았던 판결문이 발견되면서 독립유공자로 추서되었다. 남주원 역시 대한민국 정부는 그의 공적을 기려 1995년 건국훈장 애족장을 추서하였다.

남주원은 막대한 재산을 가졌던 부자였고, 향촌 사회에서 존경받는 유지였다. 또한 신식교육을 받은 젊은 신지식인이기도 하였다. 그렇기 때문에 남주원은 마음먹기에 따라 얼마든지 부를 누리며 편하게 살 수 있었다. 하지만 남주원은 개인의 안락함 보다 3·1

혁명의 거대한 물줄기에 몸을 던졌다. 자신의 부를 누리기보다는 그 재산을 아끼지 않고 독립운동하는 데 썼다. 그렇기에 대호지·천의장터 독립만세운동은 성공할 수 있었고, 오늘날 3·1혁명 100주년을 맞아 더욱 빛날 수 있었다. 그것이 남주원을 기억해야 할 이유이다.

대호지 · 천의장터 독립만세운동을 이끈 송재만

대호지 · 천의장터 독립만세운동을 주도한 주동자 중
에는 대호지면에서 업무를 보고 있던 면장과 면서기
들이 있었다. 면장이던 이인정과 면서기였던 강태완,
김동운, 민재봉 등이 그들이다. 대호지 · 천의장터 독
립만세운동이 대호지면민 다수가 참여하여 조직적으
로 전개되었던 것은 이들 면서기들의 적극적인 역할
이 있었기에 가능했던 일이다. 따라서 대호지 · 천의
장터 독립만세운동은 일제의 말단 통치기구였던 면
사무소 종사자들이 주도했던 운동이라고 해도 지나
친 말이 아니다. 일제 강점기 면장과 면서기는 대체
로 일제의 통치에 협조하였다. 그렇기 때문에 대부분
의 면장과 면서기들은 3 · 1혁명 과정에서 전개된 독
립만세운동을 저지하거나 탄압하는데 앞장섰다. 일
례로 합덕 버그내 장터에서는 독립만세운동이 벌어
졌을 때 합덕면장 김철호가 적극적으로 개입하여 대
규모 독립만세운동으로 확대되는 것을 막아낸 사례
가 있다. 이러한 이유로 3 · 1혁명 중 독립만세운동이
있으면 면사무소는 일제를 상징하는 존재로 보아 공
격 대상이 되었고, 송악면에서는 송악면사무소를 방
화하려다 사전에 발각되기도 하였다. 따라서 대호지
면 · 천의장터 독립만세운동은 흔치 않았던 일로 파
급력도 컸다.

송재만의 모습, 그는 대호지면의 고용인이었다.

대호지·천의장터 독립만세운동의 주동자 중에는 대호지면사무소에 소사로 근무하던 송재만이란 인물이 있었다. 송재만은 대호지·천의장터 독립만세운동에서 가장 중요한 역할인 행동대장을 맡아 활약하였다. 송재만은 1891년 생으로 3·1혁명 당시 29세의 청년이었다. 송재만은 서산군 이북면 내리(현 태안군 원북면)에서 태어나 천안군 천안읍 읍내리로 이주하였다가 대호지면 조금리로 이사하여 살고 있었다. 1919년 당시 송재만의 직업은 용인(傭人)으로 대호지면의 소사였다. 소사는 면사무소에 근무하면서 면사무소의 잡무를 맡아 처리하는 직위로 면서기 보다는 직위가 낮은 용인이었다. 당시 대호지면에는 면

장인 이인정과 강태훈, 김동운, 민재봉, 최병직, 송재
만 등이 근무하고 있었다.

송재만은 대호지면에서 독립만세운동이 준비
되는 과정에서부터 참여하였다. 면장인 이인정의 조
카 이대하의 생일을 이용하여 구체적인 논의를 전개
하는 자리에 이인정, 남주원, 남상돈, 이춘응, 남상집,
한운석, 남상락, 김홍균, 홍월성, 이대하, 이두하, 민
재봉 등 40여 명과 함께 송재만도 참석하였다.[158] 이
자리에서 이인정은 총 책임자가 되었고, 송재만은 행
동대장이 되었다. 이렇게 했던 이유는 면사무소의 지
위와 시설 및 업무를 이용하여 독립만세운동을 준비
하는 것이 효과적일 것이라는 판단 때문이었다고 볼
수 있다. 하지만 정확하게는 대호지·천의장터 독립
만세운동이 송재만을 비롯한 면서기들에 의해 기획
되고 추진되었다는 것을 의미한다. 실제로 일제 법원
의 판단도 그러했음을 판결문을 통해서도 확인할 수
있다.

대호지면 면서기였던 민재봉의 판결문에는 대
호지면에서 독립만세운동을 구체적으로 논의한 시기
를 1919년 3월26일이었다고 파악하고 있다. 강태완,
김동운, 민재봉, 송재만이 대호지 면사무소에서 시국

158　김남석, 『일제강점기 당진지역 민족운동 연구』, 충
　　　남대학교 박사학위논문, 2010, 60쪽.

논의를 하던 중 김동운이 "현재 각 지방에서 조선독립만세를 고창하고 있음에 서산군에서 부르지 않음은 다른 지방에 대한 부끄러운 일이니 우리도 고창해야 한다. 이를 위해서는 다수의 사람을 집합시켜야 하는데 우선 사람들을 집합시키는 방법을 알아보자"[159]고 하면서 독립만세운동이 준비되었다고 판단하고 있다.

또한 다음날인 3월27일 민재봉, 송재만과 다시 만나 논의한 자리에서 김동운은 "각 구장에게 도로를 수선한다는 취지의 공문을 발송하여 4월4일 오전 8시경에 면내 각 호는 1명씩을 면사무소에 집합하게 하여 만세를 고창하게 하고, 그 날이 천의 시장의 장날인 고로 군중을 인솔하여 시장으로 가자"[160]는 제안을 하였다고 판단하였다. 이러한 대호지면 면서기들의 논의는 모두 기획한 대로 실현되었다. 그렇기 때문에 면소사인 송재만이 가장 중요한 행동대장의 역할을 맡을 수 있었던 것이라고 볼 수 있다.

행동총책임의 역할을 맡은 송재만은 고수식, 김장안, 김팔윤, 김홍진, 남상은, 송봉운 등 청년들을 행동대원으로 조직하고 인원동원과 독립만세운동 과

---

159   국가기록원, 민재봉 판결문.

160   국가기록원, 민재봉 판결문.

정에서 필요한 실무적인 일을 도맡았다. 4월2일 밤 면사무소에 모인 송재만, 김동운, 강태완, 민재봉 등의 면서기들은 김동운이 제안한대로 "도로수선병목 정리의 건"이라는 제목으로 4월4일 이른 아침부터 각 마을은 그 담당 구역의 도로를 수선하라는 내용을 기재한 면장 명의의 공문을 강태완이 작성하여 송재만에게 건냈다. 공문을 건내 받은 송재만은 8통을 등사하여 다음날 송재만과 민재봉이 출포리 임용규, 송전리 민두훈, 도이리 남상현, 사성리 박희탁, 적서리 차영렬, 장정리 정원우, 마중리 남상익 등의 구장과 두산리 구장대리 김홍록의 집을 찾아가서 공문을 전달하였다.[161] 구장들에게는 공문에 따라 집집마다 한 사람 이상씩 대호지면 사무소로 꼭 모일 수 있도록 당부하는 것을 잊지 않았다.

4월3일 밤 면사무소에 다시 모인 면서기들은 한운석에게 애국가 작성을 부탁하였다. 한운석은 작성한 애국가를 등사판 원지에 적어 일부를 인쇄하고 송재만에게 넘겼다. 한운석에게서 애국가 원지를 받은 송재만은 면사무소 등사기를 이용하여 400매를 인쇄하였다. 또한 송재만은 만세운동 현장에서 사용할 대형 태극기를 만들었다. 태극기 제작에 쓰인 천

---

161   이인정, 한운석, 김양칠, 송재만 판결문 (1920년 2
       월 7일, 고등법원), 국가기록원 CJA0000476.

은 자신이 옷을 만들어 입으려고 가지고 있던 천을 사용하였다. 이렇게 제작된 대형 태극기를 김순천에게 주어 30척 대나무에 매달아 4월 4일 면사무소 앞에 게양하게 하였다. 그리고 이 태극기는 대호지·천의장터 독립만세운동을 상징하는 깃발로 쓰였다.

4월 4일 오전 8시가 되자 대호지면 사무소에는 400여 명의 면민들이 모여들었다. 송재만이 만든 대형 태극기가 펄럭이고, 한운석이 쓴 애국가를 적은 유인물이 돌려지자 주민들은 긴장하기 시작하였다. 이때 남주원이 긴장한 면민들에게 술을 주어 용기를 주었다. 마침내 대호지면장 이인정이 나서 "여러분을 모이게 하였음은 도로 수선을 하고자 함이 아니라 조선 독립운동을 일으키고자 하는 것이니 여러분은 이에 찬동하여 조선독립만세를 힘차게 부르며 동군 정미면 천의 시장을 향하라"는 내용의 연설을 하였다. 이어서 남주원이 기미독립선언서를 낭독하였다. 이 자리에서 송재만은 최후의 일각까지 앞장서 싸우자는 취지의 선서문을 제창하였다.[162] 대호지면사무소에서 나온 시위대는 천의장터로 이동하였고, 송재만은 인쇄한 애국가를 길가에 나온 면민들에게 배포하였다. 이렇듯 천의장터에 이르는 동안 송재만은 행동

---

162 이인정, 한운석, 김양칠, 송재만 판결문 (1920년 2월 7일, 고등법원), 국가기록원 CJA0000476.

대장으로 역할을 충실하게 수행하였다. 미리 계획했던 대로 천의장터로 향하는 길목에 있던 장정리 등의 마을에서 시위대에 속속 합류하게 하였고, 천의장터로 이동하는 동안 대열이 흩어지지 않도록 행동대원이 선두에서 대열을 지켜 나가도록 하였다. 이렇게 대열이 유지되어 이동하면서 독립만세를 소리 높여 부르자 시위대의 규모는 점차 불어났다. 그 규모가 얼마나 많았던지 천의장터에 이르렀을 때 천의주재소의 순사들은 대열을 가로 막았다가 감히 어쩌지 못하고 천의장터 주변에서 사태를 관망할 수밖에 없었다.

천의장터는 정미면과 대호지면뿐만 아니라 인근의 당진, 고대, 운산, 성연 등지에서 시장을 보기 위해 모여들 정도로 인근에서 가장 큰 시장이었다. 천의장터를 가득 메운 장꾼들은 대호지면에서 시위대가 장터로 들어오자 자연스럽게 합세하였다. 이렇게 해서 시위대의 규모는 금새 800명이 넘어섰고, 천의시장을 독립만세를 부르며 순회하는 동안 1000명에 이르렀다. 이렇게 장꾼들이 독립만세운동에 적극적으로 참여하였던 것은 단순한 호기심 발동이 아니라 조선민중의 독립에 대한 열망이 그만큼 컸었기 때문이다. 특히 천도교에서 조직적으로 장날을 이용하여 독립만세운동을 전개하라는 지침이 내려진 바여서 충남지방에서는 3월말부터 장날을 이용한 독립만세운동이 끊임없이 일어나고 있었다. 내포지방의 경우도 4월이 시작되자마자 곳곳에서 장날을 이용한 독립만세운동이 끊이지 않았다.

천의장터에서 전개된 독립만세운동은 평화적인 방법으로 진행되었다. 하지만 당진경찰서에서 출동한 이궁(二宮)과 고도(高島) 순사가 무리하게 태극기를 빼앗으려다 총을 발사하면서 만세운동의 양상은 급격하게 변하였다. 결렬한 투쟁으로 이어진 것이다. 그럴 수밖에 없었던 것이 평화적으로 독립만세를 부르고 돌아가려는 시위대를 향해 일제 순사가 권총을 발사하여 부상자가 발생하였으니 만세운동에 참여한 군중이 순사들을 붙잡아 폭행하는 것은 자연스런 현상이 아닐 수 없다. 이때 송재만은 앞장서서 '저놈들은 총을 쏜 자이니 때려 죽이자!'고 소리쳐 순사들을 향해 돌을 던졌고, 붙잡힌 상원상정(上原尙定) 순사와 순사보 이재영, 유기우를 솔선하여 구타하였다. 이로 인해 상원 순사는 질병휴업 2주의 부상을 입었고, 유기우 순사보는 질병휴업 1주의 부상을 입었다.[163] 또한 일제 순사들이 도주하여 천의주재소로 달아나자 행동대원을 이끌고 천의주재소를 공격하여 크게 파손시켰다.

---

163 이인정, 한운석, 김양칠, 송재만 판결문 (1920년 2월 7일, 고등법원), 국가기록원 CJA0000476.

이렇게 만세운동이 격화되자 천의에 거주하던 일본인 전고족수(田尻足穂)가 말리려고 나섰다. 하지만 성난 군중은 일본인인 전고에게도 폭력을 행사하였다. 결국 전고가 쫓겨 집으로 도망치자 이 모습을 지켜보고 있던 송재만은 행동대원을 이끌고 전고의 집으로 쫓아가 전고를 구타하였다. 그리고 전고의 집을 포위하고 집에 있는 엽총을 빼앗았고, 전고의 아내에게 권총을 가져 오라고 하여 권총 1정과 약간의 실탄을 빼앗아 소지하였다. 그리고 엽총 1정은 이대하가 소지하게 되었다. 이렇게 빼앗은 무기는 김동운이 가지고 있던 상원 순사의 검과 함께 대호지로 돌아오는 길에 장정리에서 이인정이 명하여 대호지면 적서리 덤불 속에 숨겨두었다[164]. 이렇듯 천의장터에서의 격렬한 만세운동은 행동총책임자 송재만에 의해 주도되었다.

일제는 대호지·천의장터 독립만세운동 관련자를 체포하여 공주형무소에 수감하였다. 송재만 역시 대호지·천의장터 독립만세운동을 마친 후 일제에 체포되었다. 공주형무소에서 송재만은 모진 고문에 시달렸다. 하지만 송재만은 일제에 굴하지 않고 '모든 책임은 나에게 있다. 거사계획부터 당일 만세운동의 주동에까지 나의 단독행위이다. 다른 사람은 죄가

---

164   이인정, 한운석, 김양칠, 송재만 판결문 (1920년 2월 7일, 고등법원), 국가기록원 CJA0000476.

없다. 죄없는 무고한 양민을 속히 석방해라 그리고
나 또한 내 조국, 내 강토, 내 나라를 내가 찾겠다는
데 그것도 죄란 말이냐? 너희는 너희 나라가 남에게
뺏겨도 그대로 보고만 있겠느냐?' 라는 주장을 끝내
굽히지 않았다.[165] 일제는 송재만의 기개에 놀랐던지
송재만에게 가장 큰 죄목을 적용하였다. 송재만에게
적용한 혐의는 치안방해죄, 공문서 위조 및 동 행사
죄, 출판법 위반, 가택침입죄, 강도죄 등이었다. 철저
하게 파렴치한 범죄자로 몰았던 것이다. 그 결과 송
재만은 1919년 10월24일 공주지방법원에서 대호지·
천의장터 독립만세운동 관련자 중 가장 큰 형량인 징
역 9년의 실형을 받았다고 매일신보에는 보도하고
있지만[166] 경성고등법원 판결은 상소기각 한 것으로
보아 징역 9년이라는 매일신보의 보도가 오보였던
것으로 볼 수 있다. 아무튼 일제가 대호지·천의장터
독립만세운동에서 송재만에게 가장 큰 죄를 씌웠던
것은 송재만의 역할에 주목하였던 측면도 있었지만
3·1혁명을 폄훼하기 위한 의도에서였다. 3·1혁명이
전 민중적으로 전개되자 당황한 일제는 조선 민중의

---

165 박상건, 『당진지역 항일독립운동사』, 당진문화원,
     1991, 233쪽.

166 『매일신보』, 1919년 11월 19일 3면 4~5단 "瑞山騷
     擾犯人 不服抗訴, 송재만 등 오십이인".

정당한 독립의 요구를 인정할 수 없었다. 따라서 3·1 혁명 과정에서 발생한 작고 단순한 폭력을 부각시켜 3·1혁명 전체를 파렴치한 폭력적 사태로 몰아가고자 하였다. 대호지·천의장터에서 전개된 독립만세운동세서도 폭력 사태에 주목하여 송재만에게 모든 책임을 물었던 결과였다.

송재만은 법정투쟁을 이어갔지만 경성고등법원에서 징역 5년 형을 확정 받고 서대문형무소에서 옥고를 치렀다. 만기 출소한 송재만은 사성리로 이사하여 살았다. 사성리로 이사한 것은 일본인들을 보고 살기 싫었는데 조금리에는 일본인들이 살았던 때문이고, 사성리에는 대호지·천의장터 독립만세운동을 주도했던 지사들이 많았던 까닭이었다.[167] 송재만은 사성리로 이사한 후 결혼도 하였다. 일제강점기 내내 요시찰 인물로 감시받고 살았던 송재만은 1951년 3월3일 60세를 일기로 세상을 떠났다. 송재만의 무덤은 대호지면 사성리 발퀼에 있다.

---

167 박상건, 『당진지역 항일독립운동사』, 당진문화원, 1991, 233쪽.

대호지 · 천의장터 독립만세운동을 이끈 이대하

이대하는 대호지면 사성리 510번지에서 1889년에 태어났다. 그의 나이는 3·1혁명 당시 30세의 청년이었다. 이대하의 출생지인 사성리는 전주이씨들의 집성촌이었다. 대호지 · 천의장터 독립만세운동에서 주요한 역할을 한 인물인 대호지면 면장 이인정이 살던 곳이 사성리 510번지였고 이대하는 이인정의 조카였다. 다시 말해 이인정이 이대하의 큰아버지였다. 그러니 어려서 이대하는 이인정의 집에서 함께 살았을 것으로 추정되고, 큰아버지인 이인정의 영향을 많이 받았을 것이라고 생각해 볼 수 있다. 특히 이인정이 한때 벼슬길에 올라 자인군수까지 역임했었고, 1908년 해미에서 애국계몽운동을 했던 점을 고려하면, 이인정의 이런 활동은 어린 시절 이대하에게 많은 영향을 주었을 것으로 볼 수 있다.

이대하는 어려서 의령남씨 문중에서 운영하던 도호의숙에서 수학하였다. 도호의숙은 원래 의령남씨 자제들의 교육을 위해 만들어진 종숙이었지만 이때는 이미 지역의 교육기관으로 역할을 할 때여서 배우고자 하는 누구에게나 문이 열려 있었다. 이대하는 도호의숙에서 한학을 익혔지만 신학문을 공부한 것 같지는 않다.

이대하는 1919년 당시 저축조합 서기 일을 하

대호지 · 천의장터 독립만세운동의 시발점이었던 대호지면 사무소

고 있었다. 저축조합은 지역 유지들을 중심으로 구성된 사설 금고와 같은 것이었지만 조선총독부가 개입하여 식산을 장려하였다. 서산의 경우도 저축조합은 군수가 앞장서고 면마다 유지들을 참여시켜 운영하였다. 조선총독부가 저축조합을 장려하였던 것은 조선총독부가 해야 할 면 단위 보통학교 설립을 저축조합을 통해 조성된 자금으로 설립하게 하기 위해서였다. 이때 이대하가 저축조합 서기로 일 할 수 있었던 것은 대호지면의 초대 면장이던 이인정의 영향이었을 것이라고 볼만하다.

대호지 · 천의장터 독립만세운동에서 이대하는 처음부터 주도적으로 참여했던 인물이다. 그렇게 된 것은 이대하와 주변 인물들의 관계속에서 원인을 찾을 수 있다. 이대하가 태어나고 자랐던 사성리에는 남주원도 살고 있었다. 남주원은 일찍이 경성에 유학하여 중동학교를 다닌 개화 신지식인이었다. 남주원은 이두하와는 동갑으로 둘도 없는 친구사이였고 이두하는 이대하와 사촌간이었다. 이런 점이 이들 사이를 가깝게 했었을 것이고, 1919년 3월 고종의 국장이 치러질 때 함께 참석하게 되었다.

국장에 참석하기 위해 경성으로 간 인물은 이대하외에도 사촌동생 이두하와 이두하의 친구 남주원이 있었다. 이밖에도 남상돈, 남상락, 남상직, 남계창 등 대호지의 뜻있는 젊은이들이 함께했다. 이때 이대하가 경성에 가서 구체적으로 무엇을 했는지는 알 수 없지만 경성에서 본 독립만세운동은 매우 강렬해서 이대하의 인생을 바꾸어 놓았던 것은 분명하다. 이대하를 비롯해 경성에 함께 간 모두가 대호지에서도 독립만세를 부르기로 결의한 것이다.

대호지에서 독립만세운동을 일으켜 보겠다고 생각한 청년들은 이대하의 생일을 빌어 이대하의 집에 모였다. 이때 큰아버지 이인정도 참석하였는데 이 자리에서 독립운동추진위원회를 결성하게 되었다. 이렇게 이대하의 생일을 계기로 모였다는 것과 이인정이 추진위원장이 되었다는 점을 감안한다면 이대하의 생일은 이인정을 추대하기 위한 작전이었을 가능성이 매우 높아보인다.

이후 대호지 독립만세운동의 추진은 일사천리

로 진행되었고, 4월4일 대호지면사무소에 모여 독립
만세를 부르기에 이르렀다. 이대하의 판결문에 의하
면 이대하는 가장 적극적으로 독립만세운동에 참여
하였다는 것을 알 수 있다. 이대하가 맡은 일은 청년
들을 이끌고 앞장서는 행동대였다. 대호지면에 모여
조선독립만세를 부른 이후 대호지면민들은 모두 천
의장터로 향했다. 이대하는 송재만 등과 함께 젊은
청년들을 이끌고 천의장터에 이르는 동안 주민들이
이탈하지 않도록 하고 만세를 부르며 대오를 이끄는
역할을 했다.

천의장터에 도착한 시간은 오전 11시 경이었
다. 이후에는 천의장터와 면사무소, 주재소 등 곳곳
을 누비며 조선독립만세를 불렀다. 천의장터에서의
독립만세운동은 평화적으로 진행되었다. 일제 순사
들의 진술에 의하더라도 천의장터에서의 독립만세운
동은 천의장터 곳곳을 돌며 독립만세를 부르고 술을
마신 후 돌아가려 했다는 정도로 진술하고 있다. 하
지만 오후 4시경 위세에 눌려 지켜보기만 하던 천의
주재소 순사들이 당진경찰서에서 응원 나온 순사들
과 함께 독립만세를 부르며 앞세웠던 태극기를 빼앗
으려 하면서 문제가 생겼다. 태극기를 빼앗으려 하고
빼앗기지 않으려 하는 과정에서 일본 순사가 총을 발
사하여 부상자가 발생한 것이다. 이후 상황은 강경한
투쟁으로 이어졌다. 총을 발사한 일본순사는 붙잡혀

구타당하였고, 주재소는 파괴되었다. 싸움을 말리려
던 일본인 전고족수(田尻足穗)는 구타당하고 도망쳤
다. 전고족수가 집으로 도망치자 집을 포위하였고 전
고족수가 보관하고 있던 엽총과 권총, 실탄을 빼앗았
다. 이때 이대하는 송재만과 함께 빼앗은 총을 나눠
가지고 있다가 돌아가는 길에 장정리에서 이인정이
명령으로 적서리 덤불 속에 깊이 숨겨두었다.[168]

대호지·천의장터 독립만세운동이 끝나고 대호
지에서는 피바람이 불었다. 일제는 대호지에 군대와
경찰을 보내 대대적인 탄압을 자행했다. 수많은 사람
들이 잡혀 구타당하고 구속되었다. 심지어 멀쩡한 사
람을 총을 쏘아 죽이기까지 했다. 이대하 역시 체포
되어 구속되었다. 이대하의 혐의는 보안법위반, 소
요, 출판법위반, 공문서위조행사, 강도죄 등이었다.
1919년 10월24일 공주지방법원의 재판 결과는 이대
하에게 가혹하게 무거웠다. 징역4년에 벌금이 30원,
노역기간 30일로 송재만에게 내린 징역 5년과 함께
가장 무거운 처벌이었다.[169] 추가로 주재소를 파괴하

---

168   이인정, 한운석, 김양칠, 송재만 판결문 (1920년 2
월 7일, 고등법원), 국가기록원 CJA0000476.

169   『매일신보』, 1919년 11월 19일 3면 4~5단 "瑞山騷
擾犯人 不服抗訴, 송재만 등 오십이인".
『형사공소사건부』, 형공제977호(경성복심법원 1919년)

고 상해를 입은 순사들과 일본인의 피해를 배상하라는 것과 재판 비용을 연대책임지라는 판결을 받았다. 한마디로 이대하를 폭력범으로 몰아 독립만세운동의 대의를 훼손시키고자 하는 의도와 경제적으로 압박하여 다시는 독립운동을 꿈꾸지 못하도록 하겠다는 의도의 판결이라고 할 수 있다.

이러한 재판 결과에 대해 이대하는 다른 33명과 함께 경성복심법원에 항소하였다. 법정투쟁을 시작한 것이다. 그해 12월24일 열린 경성복심법원의 재판 결과 이대하는 징역8월의 실형으로 감경되었다. 재판 결과 이대하에게 적용되었던 소요와 강도죄가 무죄판결을 받으면서 처벌이 가벼워 진 것이다.

징역살이를 마치고 출소한 이대하는 1922년부터 1926년까지 사성리에서 서당을 열어 민족의식과 독립정신을 고취하는 교육을 실시하였다. 이대하가 사성리에서 서당을 열었던 것은 조금보통학교 개교와 관련이 있었을 것으로 보인다. 일제가 식민지 교육의 일환으로 각 읍면 별로 보통학교를 설립하게 되었는데, 1922년 대호지면에 조금보통학교를 우선적으로 설립한 것이다. 이렇게 조금보통학교를 설립했던 이유 역시 대호지 독립만세운동과 관련이 있었다. 대호지면민들의 독립정신에 놀란 일제 입장에서는 다른 면보다 우선 대호지면에 보통학교를 세워 줌으로써 면민들의 학교 설립 욕구를 충족시켜 주는 대신

일제교육을 통해 민족의식을 말살하고 싶었던 것이
다. 대호지면에 조금보통학교가 설립되자 뜻있는 면
민들은 아이들을 학교에 보내지 않았다. 왜놈 학교에
보내면 왜놈 교육을 받게 되는데 그런 교육을 받게
하고 싶지 않았던 것이다. 이대하가 사성리에서 서당
을 열어 민족의식을 고취하는 교육에 앞장섰던 이유
도 같은 맥락으로 보면 충분히 이해할 수 있는 것이
다. 일제 말기에 이르러 일제가 조선어 말살 정책을
펼치자 이대하는 이에 맞서 자택에서 서당을 열었다.
서당은 결국 1940년 일제에 의해 폐쇄 당했지만 이
대하는 끝없이 민족정신을 지키고자 하는 노력을 게
을리 하지 않았던 것이다.

이렇게 일제에 맞서 자신의 처지에서 할 수 있
는 최선의 투쟁을 다했던 이대하는 해방된 조국에서
비극적으로 최후를 마쳤다. 사성리에 살던 이대하는
장정리로 이사가 살면서 한국전쟁을 겪게 되었다. 전
쟁이 터지자 대호지면에도 인민군이 들어왔고 인민
위원회가 활동을 시작하였다. 인민군이 물러난 뒤 경
찰은 장정리 주민 김영기, 장기환, 정연호, 이범윤과
함께 이대하를 부역혐의로 서산경찰서로 연행하였
다. 이대하와 함께 서산경찰서로 이송된 이범윤은 서
산농업학교 학생으로 이대하의 넷째 아들이었다. 이
대하가 경찰에 의해 희생된 이유는 인민군에 부역했
다는 혐의였다. 증언에 의하면 고령의 이대하는 아무

일도 하지 않았는데 독립운동을 한 이대하가 주변에서 존경받는 인물이었던 점과 서산농업학교를 다니던 넷째 아들 이범윤이 웅변을 잘하고 똑똑했던 탓에 학교에서 활동했던 일이 문제가 되면서 그 여파가 이대하에게까지 미쳤던 것이라고 한다. 서산경찰서로 끌려간 이대하는 음암면 갈산리 메지골에서 살해되었다.[170] 넷째 아들 이범윤 역시 1.4후퇴 당시 경찰에 의해 양대리 바닷가에서 살해되었다고 한다. 한 가족이 희생당한 것이다. 그나마 다행이라 할 것은 이대하의 시신은 수습되어 묻어 주었다는 것뿐이었다.

이대하는 대호지·천의장터 독립만세운동의 주역이었던 인물이다. 출소 이후에도 자신의 처지에서 할 수 있는 한 민족의식과 독립의 의지를 고취하는데 최선을 다했다. 이런 이대하가 해방된 조국에서 크게 대우받고 사는 것은 기대하지 않더라도 이렇게까지 처참하게 희생당한 것이 어떤 의미인지 생각해 본다. 우리 역사의 어둠이고 아픔이며 민족적 부끄러움이라 하지 않을 수 없다.

---

170 (2009.2.23. 남기호 증언, 2010 상반기 조사보고서 658쪽, 진실화해위원회 제9차 보고서).

대호지 · 천의장터 독립만세운동을 이끈 남상락

남상락은 대호지면 도이리 출신으로 1892년생이다. 대호지면 도이리는 의령남씨들이 집성촌을 이루고 살았던 곳으로 남상락 역시 의령남씨였다. 도이리 의령남씨들은 자제들을 교육시키기 위해 종숙을 운영하였는데 후일 타성도 받아들여 사숙이 되었다. 어린 시절 남상락은 사숙인 도호의숙에서 성리학에 기반한 한학을 배웠다. 성장한 이후에는 대호지에서 농업에 종사하며 살았다. 그리고 대호지면에 널리 퍼져있던 천도교에 입도하여 천도교인으로 살았다. 이러한 사실은 남상락이 성리학적 사고에서 벗어나 새로운 천도교적 사상을 받아들였다는 것을 의미하고, 대호지 · 천의장터 독립만세운동이 천도교의 영향이 매우 컸음을 의미한다.

1919년 4월4일 대호지면민이 일치단결하여 전개한 대호지 · 천의장터 독립만세운동은 남상락을 비롯한 몇 명의 대호지면민이 고종의 인산을 보기 위해 경성을 방문하면서 비롯되었다. 나라를 빼앗긴 고종이었지만 그의 갑작스런 죽음은 조선 민중을 애통하게 하였다. 더욱이 그가 일제에 의해 독살되었다는 소문이 나돌면서 인산을 보기 위한 움직임은 전국적으로 번져 많은 사람들이 경성으로 모여들었고, 그 중에는 남상락도 있었다. 이렇게 28살의 청년시절에

남상락의 모습, 남상락 태극기와 대통램프는 독립기념관에 보존되어 있다.

경험한 3·1혁명은 남상락의 운명을 바꾸어 놓았다.

남상락 일행이 경성에 도착한 것은 인산일인 3월3일보다 빠른 1919년 3월1일 이전이었을 것으로 추정된다. 그렇기 때문에 마침 경성 일대에서 전개된 3·1혁명을 목격할 수 있었다. 남녀노소 구분 없이 독립만세를 부르는 모습을 목격한 남상락은 크게 감동받았다. 그리고 독립만세운동에 함께하였고, 어렵게 구한 태극기와 독립선언서를 대호지로 가져왔다. 하지만 남상락이 태극기와 독립선언서를 대호지까지 가져온 과정은 결코 쉬운 일이 아니었다. 일제가 3·1혁명이 전국으로 전파될까 두려워 철저히 단속하였기 때문에 숨겨오지 않으면 가져 올 수 없었다. 고민 끝에 남상락은 백화점에서 대통으로 길게 만든 램프

를 샀다. 긴 대통에 태극기와 독립선언서를 말아 넣
으면 일제 경찰의 검문을 피할 수 있을 것 같았기 때
문이다. 그 결과 남상락 일행은 일제 경찰의 검문을
피해 경성을 빠져나와 인천에서 배를 타고 대호지로
돌아 올 수 있었다. 이렇게 가져온 태극기와 독립선
언서는 대호지·천의장터 독립만세운동에서 많은 사
람들에게 독립운동의 뜻을 전하는데 충분히 활용 할
수 있었다.

　　대호지면에서 독립만세운동이 본격적으로 준비
되면서 남상락은 특별한 일을 준비하였다. 그것은 태
극기를 제작하는 일이었다. 경성에서 본대로 대호지
에서 독립만세운동을 제대로 하려면 태극기가 반드
시 필요하다고 판단했다. 태극기를 제작하는 일은 주
로 밤에 이루어졌다. 이때 남상락이 경성 백화점에서
구입한 대통램프는 한 밤에 마을 부녀자를 모아 놓
고 태극기를 제작하는 일에 요긴하게 쓰였다. 남상락
이 제작한 태극기는 단순한 태극기가 아니라 정성스
럽게 수를 놓아 만든 태극기였다. 이렇게 대호지·천
의장터 독립만세운동에서 쓰인 남상락의 대통램프와
자수 태극기는 현재 독립기념관에 보존되어 있다.

　　대호지·천의장터 독립만세운동이 끝나자 일제
는 주동자들을 체포하기 위해 다음날 대호지면에 군
경을 출동시켜 대호지면 일대를 쑥대밭으로 만들어
놓았다. 그 결과 대호지·천의장터 독립만세운동에서

중요한 역할을 담당하였던 남상락도 1919년 4월5일 체포되었다. 중요한 것은 남상락만이 체포된 것이 아니라 남상락의 형인 남상돈과 동생인 남상찬 등 삼형제가 함께 체포되었다는 사실이다. 이러한 남상락 삼형제의 독립만세운동은 대호지·천의장터 독립만세운동을 빛나게 하는 중요한 요소가 되었다.

일제에 체포된 남상락은 공주형무소로 수감되었다. 남상락이 체포된 이유는 보안법 및 소요죄였다. 남상락은 공주형무소에서 모진 고문을 당한 끝에 1919년 10월24일 공주지방법원에서 징역1년의 실형을 선고받았다. 이에 불복한 남상락은 경성복심법원에 항소하여 법정투쟁을 이어갔다. 결과는 1919년 12월24일 징역8개월로의 감형이었다.[171]

독립만세운동을 전개하고 체포되어 일제에 탄압을 당하는 당사자의 입장에서 본다면 항소하고 법정투쟁을 이어간다는 것은 결코 쉬운 일이 아니었다. 왜냐하면 항소를 통해 처벌이 크게 감형되는 것도 아니고 재판 결과가 확정되어야 형기가 시작된다는 점에서 법정투쟁을 이어가는 만큼 수감 기간이 연장될 뿐이었기 때문에 그렇다. 따라서 법정투쟁을 이어가는 것 자체가 일제에 맞서 독립운동을 전개하는 것과 같았다.

---

171   국가기록원, 이인정 외 33인 판결문(경성복심법원).

　　남상락은 항소를 통해 경성복심복원에서 8개월로 감형 받았지만 남상락의 징역살이는 출감한 날이 1920년 8월29일이었기 때문에 실제로는 수감 기간이 1년 5개월이나 되었다. 이후 남상락은 1919년 12월24일 확정 판결을 받고 1920년 1월14일 서대문형무소에서 공주형무소로 이감되었다. 그 과정에서 남상락은 자신의 각오를 한시로 표현하였다. 서대문형무소에서 지은 남상락의 한시는 독립의 염원을 표현한 옥중시로 오늘에 전해지고 있다. 남상락은 한시를 통해 자신이 어떤 마음으로 독립만세운동을 전개하였는가와 얼마나 절실하게 독립을 염원하였는지를 시로 표현하고 있다.

영웅호걸(英雄豪傑) 누구인고
고해종적(苦海踪跡) 가소(可笑)롭다
무궁화(無窮花) 금수강산 언제나 이뤄본가
뜻 두고 이루지 못하니 그를 서뤄 하노라

　　독립만세운동으로 옥고를 치른 남상락은 출감 이후에도 여러모로 고통을 당하였다. 우선 대호지·천의장터 독립만세운동에 참여하였다 함께 옥고를 치른 친형 남상돈의 죽음이다. 남상돈은 일제의 모진 고문으로 출감한지 1년도 되지 않은 1921년 5월2일 사망하였다. 너무도 억울한 죽음이라 하지 않을

수 없었다. 여기에 남상락 자신은 일제에 의해 요시
찰 인물로 지목되어 집요한 감시와 통제를 당하는 처
지였다. 후일 남상락은 측량기술을 익혀 측량기사가
되었다. 남상락의 입장에서 측량기사는 일제의 감시
를 피할 수 있는 최선의 선택이었을 것이다. 남상락
은 측량기사로 만주에 까지 진출하여 생활을 이어 갔
다고 한다.

　　이후 남상락이 기록에 등장하는 것은 1929년으
로 서산군회 의원으로 선출되었다는 기사이다. 좀 더
자세히 살펴보자면, 조선총독부 기관지『매일신보』
1929년 12월8일 3면에는 '각군부면회 결정'이라는
제목과 '충남 서산군 20개면 협의회원 선거 임명'이
란 부제목으로 서산군 20개 면에서 선출된 서산군회
의원의 명단을 소개하고 있다. 이때 대호지면에서는
홍국현, 최병학, 차영렬, 남상익, 남상락, 이학순, 김
석태, 김상보, 윤월문, 박동화 등이 서산군회 의원으
로 선출되었는데 이를 공주발로 보도하였다.[172]

　　군회는 1920년부터 조선인의 저항을 체제내로
끌어 들여 식민지 통치를 합리화하려고 만든 어용기
구였다. 따라서 군회 의원은 일제에 협력했던 인물들
이 중심이 되어 구성되었다는 점을 감안했을 때, 대

172　『매일신보』, 1929년 12월8일자 各郡面議決定, 瑞山
　　　郡二十面.

호지·천의장터 독립만세운동과 관련된 인물인 차영렬, 남상익, 남상락 등이 포함되어 있는 것은 특별한 일이다. 이들 중 차영렬과 남상익은 각각 적서리와 마중리 구장이었는데 대호지·천의장터 독립만세운동과 관련하여 일제로부터 처벌받은 기록은 없다.

이후 남상락이 어떤 활동을 했는가에 관해서는 확인할 만한 기록이 없다. 그리고 남상락은 1943년 3월 28일 52세를 일기로 세상을 떠났다. 남상락의 무덤은 대호지면 도이리 장잿말에 있다. 정부에서는 남상락에게 1986년 대통령표창을 수여하였다. 그리고 1990 건국훈장 애족장을 수여하였다.

대호지 · 정미면의 독립만세운동을 이끈 천도교와 백남덕

대호지와 정미면은 3·1혁명 당시 독립만세운동이 활발하게 일어났던 지역이다. 보통 대호지와 정미면에서 전개된 독립만세운동이라고 하면 1919년 4월4일 대호지·천의장터 독립만세운동만을 생각하게 되는데 사실은 대호지와 정미면에서는 더 많은 독립만세운동이 전개된 바 있다. 이렇게 대호지와 정미면에서 전개된 독립만세운동은 대호지·천의장터 독립만세운동의 연장선에서 전개된 독립만세운동으로 이해할 만하고, 2차 대호지·천의장터 독립만세운동이라고 해도 지나친 말이 아니다.

당시 대호지·천의장터 독립만세운동이 일어난 이후 대호지와 정미면 일대는 일제의 검거 열풍으로 쑥대밭이 되다시피 하였다. 그런데도 대호지·천의장터 독립만세운동이 일어나고 얼마 지나지 않았던 시기에 대호지와 정미면에서 일제히 독립만세운동이 일어났던 것은 대호지·천의장터 독립만세운동이 얼마나 치열하게 전개되었는가를 알 수 있게 하는 대목이다.

이렇게 일제의 악랄한 탄압에도 굴하지 않고 대호지와 정미면에서 독립만세운동이 연속해서 전개될 수 있었던 배경으로 천도교의 조직력과 준비정도를 거론하지 않을 수 없다. 당시 대호지·천의장터 독립만세운동을 주도했던 주요 세력과 인사들은 이미 검거되거나 검거를 피해 달아난 상태였다. 따라서 제2의 독립만세운동을 다시 일으킬 생각을 하지 못했다. 그러나 천도교 조직만은 독자적으로 독립만세운동을 계획했을 만큼 조직적이었고, 대호지·천의장터 독립만세운동에 직접 참여하지 못했던 백남덕·백남주 형제가 있었다.

백남덕은 1871년 생으로 3·1혁명 당시 49세의 중년이었다. 천도교인이었던 백남덕은 대호지면 송전리 출신이다. 송전리는 천도교인이 많았는데 이는 동학농민혁명에 참여하였다 쫓겨난 동학도인들이 송전리로 숨어들어 살았기 때문이다. 백남덕이 언제부터 천도교에 입문하였는지는 정확하지 않지만 1916년에 서산 전교사로 임명을 받고 활동했던 것으로 보아 3·1혁명 당시에는 대호지면을 대표할 정도의 위치에 있었다고 볼만하다.

주지하듯이 3·1혁명은 준비과정에서부터 천도교의 역할이 매우 컸다. 천도교에서는 손병희의 주도하에 1919년 1,2월경부터 독립운동 자금을 모아 3·1혁명을 준비하였다. 이때 당진지역 천도교인들도 적극적으로 참여하였는데 「기미년 독립운동금지불인 명단」[173]에는 백남덕을 포함한 92명의 명단이 기록되어 있다. 그런데 당진지역 천도교인들의 독립자금 모금 현황을 기록한 「기미년 독립운동금지불인 명단」[174]에 서산 대호지의 백남덕이 포함되어 있다는 것이 언뜻 이해하기 어려울 수도 있다. 하지만 이것은 지역을 초월한 동학의 연원제에 기인한 것으로 보면 간단한 문제이다. 즉 백남덕은 일찍이 동학에 입도하였는데 자신이 속한 동학 조직의 연원이 당진에 있었다는 것을 의미한다. 그렇기 때문에 1919

---

173   박상건, 「당진지역 중심의 동학농민전쟁」, 『내포문
       화』4호,1992, 47쪽 참조.

174   박상건, 「당진지역 중심의 동학농민전쟁」, 『내포문
       화』4호,1992, 47쪽 참조.

년 당시에도 천도교에는 여전히 동학의 연원관계에 따른 조직체계가 유지되고 있었고, 이에 따라 백남덕이 당진 천도교와 연계하여 활동하였던 것으로 볼 수 있다. 따라서 1924년 4월30일 천도교 당진교구 설립 과정을 기록한 『당진천도교회사』에 백남덕이 등장하는 것 역시 같은 이유로 이해할 수 있다.

이렇듯 천도교는 전국의 천도교 조직을 통해 3·1혁명을 거국적으로 전개하도록 독려하였다. 따라서 천도교 당진교구에서도 천도교의 방침에 따라 독립자금을 모으고, 당진읍내에서 독립만세운동을 일으킬 계획을 세우고 있었고, 백남덕 역시 연원관계에 따라 당진 천도교 조직의 독립만세운동 계획에 관여했던 것으로 볼 수 있다. 이에 따라 백남덕은 동생 백남주, 생질 홍순덕 및 김장안 등과 협의하고 남기원, 최정천, 이동하, 이달준, 민재봉, 남상락 등 대호지면의 천도교인들에게 연락하는 등 독자적인 독립만세운동을 계획하였다. 그러던 중 천도교인이자 면서기인 민재봉을 통해 대호지면에서 면장 등이 연결된 독립만세운동이 대대적으로 계획되고 있다는 사실을 알게 되었다.

대호지의 천도교 조직은 대호지·천의장터 독립만세운동에 준비 단계부터 모든 조직적 역량을 총동원하여 적극적으로 결합하였다. 대호지의 대표적인 천도교도이자 면서기였던 민재봉은 실무적 역할을 도맡아 하였고, 이대하, 남상락 등 역시 대호지·천의장터 독립만세운동에서 중요한 역할을 수행했던 천도교인들이었다. 그 결과 대표적인 천도교인들은 대호지·천의장터 독립만세운동의 주동자로 지목되어 대거 체포되는 등 탄압을 당하였다. 그 중에서도 대호지면 송전리 출신으로 일찍이 천도교에 입도하여 활동했던 이달준은 대호지·천의장터 독립만세운동 과정에서 행동대원으로 참여하여 인근 정미면, 성연면, 운산면까지 연락하고 조직하였는데, 보안법 위반 및 소요죄로 체포되어 혹독한 고문을 받고 공주형무소에서 1919년 8월12일 옥사하였다. 마중리 출신의 김도일 역시 체포되어 공주형무소에서 고문을 받고 5월10일 옥사하였다. 이밖에도 송전리 출신의 김장안과 도이리의 남상락은 대호지·천의장터 독립만세운동에 참여하였다가 체포되어 공주지방법원에서 징역 1년을 선고받고 옥고를 치렀다.

그런데 막상 천도교 조직의 지도자였던 백남덕은 마침 4월4일 친상을 당하게 되어 대호지·천의장터 독립만세운동에 참여하지 못하였다. 이 때문에 대호지·천의장터 독립만세운동 주동자들이 모두 체포되고 탄압 당할 때 백남덕은 온전할 수 있었다. 하지만 오랫동안 대호지에서 독립만세운동을 계획하고 있던 백남덕으로서는 허탈하지 않을 수 없었다. 그래서 동생인 백남주와 함께 2차 독립만세운동을 적극적으로 추진하게 되었다. 특히 송전리는 마을 전체가 천도교인이라 해도 지나친 말이 아닐 정도로 천도교 세력이 강했던 마을이었다. 이에 따라 송전리 주민 20여명은 4월8일 오후 6시경 송전리 산에 모여 봉화를 올리고 독립만세를 고창하였다. 여기서 그친 것이 아니고 대호지·천의장터 독립만세운동을 탄압하기 위해 출동했던 일제 경찰과 보병을 공격하였다. 이로 인해 일제는 경관6명, 보병2명을 긴급 출동시켰고, 독립만세운동 참여자들에게 발포하여 2명의 사상자 가 발생하였다.[175]

또한 오후 7시경에는 대호지면 조금리에서 70여명이 참여한 가운데 독립만세운동을 전개하였다.[176] 독립만세에 참여한 주민들은 경계 활동 중인 경찰관과 보병80연대 상등병 이하 5명을 공격했다. 이에 일제 군경은 주민들을 향해 실탄을 발포하는 등의 탄압을 가하여 2명이 사망하고 7명이 부상을 입었다. 이뿐만이 아니었다. 같은 날 밤 10시경 인근 정미면 수당리에서도 독립만세운동이 벌어졌다. 300여명이 넘는 마을 주민이 봉화산에 올라 봉화를 올리고

---

175 『朝鮮騷擾事件關係書類』 共7册 其7(大正8年乃至同10年), 獨立運動에 관한 건(제43보).

176 『朝鮮騷擾事件關係書類』 共7册 其7(大正8年乃至同10年), 獨立運動에 관한 건(제43보).

만세운동을 벌였다. 이곳에서도 일제는 경찰4명 보병1명을 출동시켜 총포를 발사하였다. 이로 인해 사망자 1명이 발생하였다.[177]

이상에서 살펴 본대로 4월8일 대호지와 정미면에서 전개된 독립만세운동은 장소는 다르지만 같은 날 시차를 두고 전개되었던 것임을 알 수 있다. 이러한 특징을 감안할 때 4월8일 대호지와 정미면에서 전개된 독립만세운동은 4월4일 전개된 대호지·천의장터 독립만세운동의 연장선에서 조직적으로 일으킨 독립만세운동으로 이해 할만하다. 그리고 이런 조직적 준비와 계획을 실행할 수 있을 정도의 조직으로 천도교를 꼽지 않을 수 없다.

지금까지 대호지·천의장터 독립만세운동을 주도한 세력이 누구인가에 대한 논의에서 천도교의 역할은 크게 주목받지 못했다. 그 원인은 사료부족과 천도교의 쇠락에서 찾을 수 있겠지만 유림과 문중의 역할이 지나치게 강조된 측면도 없지 않다. 역사에서 존재하지 않았던 사실을 억지로 만들어 낼 수는 없는 일이지만 사실을 밝혀내는 일은 반드시 필요한 일이다. 그런 측면에서 대호지·천의장터 독립만세운동과 대호지, 정미면의 독립만세운동을 주도했던 천도교

177　『朝鮮騷擾事件關係書類』共7冊 其7(大正8年乃至同
　　　10年), 獨立運動에 관한 건(제43보).

의 역할과 대호지면의 천도교 지도자였던 백남덕의
존재는 크게 부각하고 새롭게 조명한다 해도 부족하
지 않을 것이다. 하지만 대호지면 송전리에는 백남덕
의 존재를 아는 사람이 많지 않았다. 일찍이 백남덕
의 후손들은 쫓기듯 고향을 떠났고 그들의 존재를 아
는 사람들은 백씨들이 독립운동을 한 후 집안이 망했
다는 사실만 알고 있을 따름이었다.

4부

새로 찾아보는 독립만세운동

버그네장터 독립만세운동

3·1혁명 100주년을 맞이하는 올해는 전국에 걸쳐 수많은 독립만세운동이 조명되고 있다. 하지만 대부분은 지금까지 알려진 사실을 바탕으로 한 독립만세운동에 국한되고 있는 것이 사실이다. 그럴 수밖에 없는 것이 가급적 3·1혁명을 은폐 축소하고자 했던 일제가 의도적으로 기록을 남기지 않았고, 증언을 통한 발굴도 생존자의 부재로 인해 한계를 극복할 수 없는 것이 현실이기 때문이다. 이런 측면에서 볼 때 조선 전역에서 전개된 바 있는 독립만세운동을 감안하여, 알려지지 않았던 독립만세운동 발굴에 적극적인 노력을 기우릴 필요가 있다.

합덕 버그내장터 독립만세운동은 지금까지 제대로 알려진 바 없는 독립만세운동이다. 버그내장터 독립만세운동에 대해서는 합덕 버그내장터에서 장꾼들이 독립만세를 부르려다 합덕면장이 제지하여 해산하였다는 정도였다. 그렇지만 당시 상황을 보도한 『매일신보』 보도를 보면 합덕 버그내장터 독립만세운동이 지금까지 알려진 것처럼 독립만세운동을 일으키고 만세를 부르려다 합덕면장이 제지하자 해산하였을 정도로 간단한 사건이 아니었음을 알 수 있다.

현재의 합덕전통시장(버그내 장터) 모습

당진 버그내장에서 소요

당진군 합덕면 범근시에서눈 수월 이일 다
슈훈 군즁이 만세를 고창하고 소요를 시
작흠으로 범근시 경찰주재소 순사와 합덕
면장 김철호가 진력 해산식히고 당진군슈
와 경찰서장이 출동ㅎ야 엄즁경계하엿더
라.[178]

이상의 『매일신보』 보도를 통해 알 수 있는 사
실은 합덕 버그내장터에서 독립만세운동이 벌어진
것은 4월2일이고, 다수의 군중이 모여 독립만세를 부
르고 시위를 시작했지만 합덕면장 김철호가 제지하

---

178 『매일신보』, 1919년 04월 13일 3면 7단 "各地의 騷
擾.

여 해산하게 되었다는 것이다. 따라서 합덕 버그내장터 독립만세운동은 사전에 발각되어 실패한 독립만세운동이 아니라 버그내장을 이용하여 다수의 군중이 독립만세를 부르고 만세운동을 전개한 버그내장터 독립만세운동이었던 것이다.

　다음 문제는 독립만세운동을 전개한 날을 특정하는 문제이다. 『매일신보』 4월11일, 14일 보도에는 "당진군 합덕 범천 양면에서는 금월 2일부터 시위운동을 시작하였다"는 사실과 "4월2일 버그내장터에서 소요가 있었다"고 보도하였다. 현재 버그내장은 1일과 6일에 열리는 5일장이다. 이것으로 보아 당시의 버그내장이 2일과 7일장이었다는 것을 알 수 있다. 따라서 전국적으로 독립만세운동이 장날을 이용해 열렸고, 실제로 천도교에서는 장날을 이용해 독립만세운동을 전개하도록 지침까지 내렸던 점을 고려할 때, 주동자들이 사람이 많이 모이는 장날을 이용하여 독립만세운동을 일으켰을 것이라는 사실은 쉽게 이해할만한 일이다. 그러므로 합덕 버그내장터 독립만세운동은 장날을 이용하여 조직적으로 준비한 독립만세운동이었던 것임이 분명해졌다.

　그렇다면 버그내장터 독립만세운동은 누구에 의해서 주도되었을까 하는 점이 남는다. 합덕 버그내장터 독립만세운동은 체포자가 없어서인지 기록이 전무한 상태이다. 따라서 버그내장터 독립만세운동의 주동자를 특정한다는 것은 간단한 문제가 아니다. 하지만 버그내장터를 생활권으로 하는 합덕, 범천, 신평, 순성면민들에 의해 주도되었을 것으로 보는 것이 상식적이다. 그중에서도 합덕의 젊은 사회주의 세력과 범천의 국체보상운동을 주도했던 세력을 주목해 볼 필요가 있다. 합덕지역은 일찍이 사회주의 사상이 유입된 지역이다. 3·1혁명이 1917년 러시아 혁명의 성공으로 사회주의의 영향을 받았던 것은 주지의 사실이다. 여기에 합덕성당에서 1908년 개교한 매괴학교의 존재는 합덕지역에서 사회주의 세력 형성에 기반이 되었다. 따라서 1919년 이전부터 합덕지역에는 사회주의자들이 조직적으로 활동을 시작하고 있었고, 합덕 버그내장터 독립만세운동에 개입했을 개연성이 높다.

또한 1907년 전개되었던 국채보상운동에 참여했던 범천면민들의 존재이다. 범천면민들이 국채보상운동에 마을 단위로 참여하였던 것으로 보았을 때, 거족적으로 전개된 3·1혁명도 적극적으로 참여하였을 것이라는 추정은 충분히 가능하다고 볼만하다.

틀무시장터 독립만세운동

송악읍 사무소가 있는 기지시리는 원래 이름이 틀못

송악읍사무소, 면사무소 주변에는 틀무시 장터가 있었다.

이다. 틀못이라는 연원에 대해서는 여러 가지 설이 있다. 그 중에서 바다가 기지시 앞까지 이르던 시대, 뱃사람들이 가장 사람이 많이 모이고 중요했던 뭍을 이르러 틀뭍이라 불렀는데, 지금의 기지시가 그렇게 중요한 뭍이었다는 설이다. 이렇게 불리던 틀뭍이라는 지명이 시대가 지나면서 틀못이 되었고, 틀못이 다시 틀무시가 되어 이를 한자로 표현한 것이 기지시라는 것이다. 그러니 틀무시를 한자인 기지시로 표현한 것은 틀무시의 원뜻과는 아무런 관련이 없는 말이다. 따라서 기지시는 아름다운 우리말 지명을 아무렇게나 한자로 바꾸어 놓은 일본식 지명에 불과하다. 이렇듯 틀무시는 뱃사람뿐만 아니라 많은 사람들이 모이는 장시가 생겨나게 되었고, 인근에서 가장 번성한 시장이 되었다. 틀무시장이 얼마나 컸던지 보통 5일장을 열었지만 틀무시장터 만은 1,3,6,8일에 연이어 장을 열어야 할 정도였다.

이렇게 문전성시를 이루던 틀무시장터에서 3·1 혁명이 일어났던 것은 1919년 4월6일의 일이다. 조선총독부에 보고된 틀무시장터 독립만세운동은 사전에 발각되어 미수에 그친 사건으로 기록되어 있다.[179] 그러나 『매일신보』 4월13일자 보도를 보면 틀무시장터 독립만세운동이 단순히 사전에 발각되어 미수에 그쳤던 간단한 사건이 아닌 듯하다.

> 틀무시에셔도
> 당진군 송악면 긔지시에셔는 ᄉ월 오일 군즁 약 슈백명이 만세를 높이 불으고 해산ᄒ엿슴으로 쥬모될만한 자 ᄉ명을 당디경찰서에 체포 취됴즁인데 녀쟈가 일명이오.

이상의 『매일신보』 보도를 통해 알 수 있는 사실은 4월5일에 틀무시장터에서 수 백 명이 참여한 가운데 독립만세운동이 일어났다는 것이다. 『매일신보』에 보도된 기사는 조선총독부 기록으로는 알 수 없었던 틀무시장터 독립만세운동의 실체를 파악할 수 있게 하는 중요한 사실을 보도한 것이다. 따라서

---

179 『朝鮮騷擾事件關係書類』 共7册 其7(大正8年乃至同 10年), 朝鮮騷擾事件一覽表에 關한 件.

그동안 알려졌던 것과 달리 틀무시장터 독립만세운동은 일제 경찰에 의해 미수에 그쳤던 간단한 사건이 아니라 수 백 명의 군중이 모여 독립만세를 높이 부르고 해산하였던 사건이었고, 특히 주모자가 네 명이나 체포되었는데 그 중 한 명이 여자였다는 점과 이들을 체포하여 당진경찰서에서 조사를 받을 만큼 중대한 사건이었던 것이다.

여기서 틀무시장터 독립만세운동이 일어난 날이 조선총독부 기록에는 4월6일로 기록되었고, 『매일신보』 보도에는 4월5일로 되어있어 서로 다르다는 점이다. 이 문제는 조선총독부 기록에 따라 4월6일로 날을 특정하는 것이 올바르다고 본다. 왜냐하면 우선 조선총독부의 기록이 공식적인 보고를 토대로 한 기록이었고, 『매일신보』는 조선총독부 기록을 토대로 보도하여다는 점과 틀무시장의 장날이 4월6일이었다는 사실 때문이다. 당시 독립만세운동은 장날을 이용하여 전개되었다. 따라서 틀무시장터 독립만세운동을 주도했던 인사들은 틀무시장이 열리는 4월6일 장날을 이용하여 독립만세운동을 일으켰을 것이지만 이를 『매일신보』에서 4월5일에 일어났던 것으로 오보를 냈다고 볼 수 있다.

틀무시장터 독립만세운동은 이것으로 그친 것이 아니었다. 이틀이 지난 4월8일에도 송악면 기지시리에서 독립만세운동을 일으키려는 시도가 있었다. 그러나 이번에도 기지시경찰관주재소 일경들에 의해 사전에 탐지되었고, 출동한 일제 경찰에 진압되어 독립만세로까지 이어지지는 않았다는 것이다. 이 사건 역시 틀무시 장날인 4월8일에 독립만세운동을 일으켰던 것으로 보인다. 하지만 4월8일 틀무시장터 독립만세운동은 『매일신보』에서 보도하지 않아 다른 기록이 없다. 따라서 4월8일 틀무시장터 독립만세운동이 조선총독부 기록대로 미수에 그친 사건인지 실제로 독립만세운동으로 이어진 사건인지는 정확히 알 수 없다.

송악면에서는 독립만세운동과 관련하여 면사무소를 방화하려고 계획했던 주민들이 체포된 사건이 있었다. 이들이 누구인지 무엇 때문에 송악면사무소를 방화하려고 했는지 알 수 있는 명확한 기록은 없다. 다만 일제경찰이 송악면사무소 방화계획 정보를 사전에 탐지하고 현장 출동하여 주요 혐의자로 8명의 주민을 체포하였다.[180] 이러한 정황으로 보아 일제경찰은 이들이 독립만세운동을 일으킬 목적으로

180　『국외항일운동 자료 일본외무성기록』不逞團關係雜件 朝鮮人ノ部 在內地 5, 獨立運動ニ關スル件(第四十九報) "唐津郡松嶽面　　四月十三日同面事務所ニ放火セムトシタル者アルノ情報ニ接シ所轄唐津警察署ニ於テ嫌疑者八名ヲ引致取調中".

송악면사무소를 불태우려 했던 것으로 파악하고 사전에 진압했음을 알 수 있다. 이로 인해 송악면사무소 방화 계획은 미수로 끝났으며, 이때가 1919년 4월 13일 틀무시 장날이었다.

지금까지 확인한 것과 같이 송악면에서 전개된 독립만세운동은 1919년 4월 이후 6일, 8일, 13일 등 틀무시 장날을 이용하여 독립만세운동이 시도되었다는 것을 알 수 있었다. 그 중 4월6일 독립만세운동은 수 백 명이 참여한 가운데 독립만세를 높이 불렀으며, 이로 인해 주동자로 의심되는 여자 1명을 포함한 4명이 체포되어 취조를 받았고, 이틀 후인 4월8일 틀무시 장날에도 독립만세운동 계획이 있었지만 사전에 탐지되어 미수에 그쳤다. 그리고 4월13일에는 보다 과격한 방식인 면사무소 방화계획이 있었지만 사전에 탐지되어 미수에 그쳤고, 관련 혐의자 8명이 체포되는 등 독립만세운동이 연이어 벌어졌다.

따라서 틀무시장터 독립만세운동은 우발적인 사건이거나 미수에 그친 사건으로 볼 수 없고, 크게 확산되지는 않았지만 매우 조직적으로 준비된 독립만세운동이었음을 알 수 있다. 이러한 틀무시장터 독립만세운동을 일제경찰은 사전에 첩보를 통해 미리 알고 차단한 미수 사건으로 축소하여 보고하고 기록하였다. 실제로 일제는 3·1혁명의 폭발적 확산에 놀라 정탐활동에 주력하여 사전에 독립만세운동으로 이어지지 않도록 탄압한 것이 사실이다. 이러한 첩보 활동에도 불구하고, 독립만세운동이 일어난 경우는 의도적으로 사건 규모와 참여자의 수를 축소하여 보고하고 기록하였다.

그럼에도 불구하고 틀무시장터 독립만세운동은 수 백 명의 참여자가 모여 독립만세운동을 전개하였던 중대한 사건이었고, 체포된 관련자가 많았을 정도로 조직적인 사건이었다. 그런데도 관련자들이 처벌받았다는 기록이 발견되지 않았고, 틀무시장터 독립만세운동과 관련한 구체적인 증언도 없다는 점은 앞으로 풀어가야 할 숙제이다.

이러한 한계에도 불구하고 틀무시장터에서 독립만세운동이 거세게 일어날 수 있었던 배경과 원인에 대해서 살펴볼 필요는 있다. 특히 주동세력이 있었다면 누구였는지 밝혀내는 일은 반드시 필요한 일이고, 3·1혁명 100주년을 맞는 해에 더 이상 늦추어서는 안 될 일이다.

송악면은 옛 면천군 지역으로 동학농민혁명과 의병투쟁이 활발하게 일어났던 곳이라는 점에 주목할 필요가 있다. 1894년 동학농민혁명 당시 내포의 맹장이던 이창구가 기포한 곳이 송악면 기지시리 국사봉이었고, 송악산을 점령하여 서해의 뱃길을 막고 웅거하였던 곳이기도 하다. 이러한 동학농민혁명의 강렬한 인상은 1906년 병오년 의병투쟁으로 이어졌다. 전 참서관 최구현이 기지시에 창의도소를 설치하고 창의문을 내 걸었을 때, 인근에서 수백 명의 농민들이 의병으로 참여하였고, 최구현 의병장과 함께 면천성을 공격하는데 앞장선 바 있다. 이렇게 틀무시는 불과 25년 전의 동학농민혁명과 13년 전의 의병투쟁이 벌어졌던 역사의 현장이었다. 따라서 3·1혁명 당시 틀무시장터에서 독립만세운동이 조직적으로 일어났다는 것은 전혀 이상할 바가 아니고, 오히려 자연스러운 현상으로 이해 할만하다. 그렇기 때문에 그 주동자들 역시 틀무시에서 있었던 1894년 동학농민혁명과 1906년 의병투쟁의 항일저항정신에 뿌리를 두고 있던 세력으로 추정해 보는 것 역시 자연스런 추정이라 할 것이다.

온 산천을 불살랐던 독립을 위한 횃불과 봉화

통신장치가 개발되지 않았던 옛날에는 나라에 큰 일이 일어나거나 외적이 침입하면 봉화를 올려 위급함을 알렸다. 그래서 봉화를 올린다는 뜻에는 나라를 구한다는 의미를 내포하고 있다. 3·1혁명이 본격화되면서 충청도지방에서는 산에 올라 횃불을 밝히거나 봉화를 올리고 독립만세를 부르는 일이 잦았다. 산에 올라 봉화를 올리는 일이 나라를 되찾고자 일어난 독립만세운동과 서로 뜻이 통했던 것이다. 이렇듯 봉화만세운동은 나라를 되찾겠다는 민중의 염원이 담겨있는 독립만세운동이었다.

횃불 봉화만세운동은 특히 충청도에서 집중적으로 나타났던 독립만세운동이었다. 1919년 3월3일 밤 예산 금오산에서 윤칠영 등이 독립만세를 부른 이후 횃불 만세운동으로 발전하여 4월에는 충청도 전역에서 일반화되었다. 횃불 만세운동이 처음 등장한 것은 3월 중순 강경에서 시작되었다. 이후 충북과 접하고 있던 연기군에서 일어나 군 전역으로 확산되면서 횃불 만세운동이 본격화 되었고, 대전, 천안, 아산 등 충남지역 전역에 퍼지면서 횃불 봉화 만세운동이 잇달아 일어났다. 당진의 경우도 예외가 아니어서 4월 초에는 당진 곳곳에서 산에 올라가 횃불을 밝히고 봉화를 올리거나 독립만세를 부르는 독립만세운동이 활발하게 전개되었다.

조선총독부 기록에는 "4월4일 밤 순성면 10개리와 면천면 8개리에서 산에 올라 봉화를 올리고 독립만세를 높이 부른 후 자진 해산하였다"고 보고한 기록이 있다.[181] 또한 『매일신보』 1919년 4월13일자 보도에는 "당진면, 면천면, 순성면, 송악면 방면에 밤

---

181 『朝鮮騷擾事件關係書類』 共7冊 其7(大正8年乃至同
　　　10年), 高第 10371호,獨立運動에 관한 건.

이면 높은 산에 불을 피우고 만세를 부름으로 군청과 경찰서원 일동이 주야로 순찰하여 엄중경계 중이라"고 독립만세운동 소식을 전하고 있다.[182]

이상의 조선총독부 보고 내용과 『매일신보』 보도는 일선의 경찰과 헌병대의 보고를 바탕으로 한 것이기 때문에 4월 초순경 당진의 일반적인 상황으로 봐도 무방할 것이다. 즉 조선총독부 기록은 순성과 면천면의 상황을 한정해서 보고한 내용을 기록한 것이고, 『매일신보』 보도는 당진에서 전개되고 있던 일반적인 봉화 만세운동 상황을 조금 더해 보도한 것으로 볼 수 있다. 따라서 조선총독부 기록이 순성과 면천면의 상황을 한정해서 기록한 것으로 볼 때, 순성면의 10개리와 면천면의 8개리라면 거의 모든 마을에서 독립만세를 불렀다는 것을 의미한다. 그렇다면 이러한 봉화 독립만세운동이 순성과 면천면만의 문제였겠는가 하는 의문이 들지 않을 수 없다. 일제는 3·1혁명 과정에서 전국에서 전개된 독립만세운동에 대해 철저하게 축소 은폐시키고 기록에서 누락시켰다. 이런 점을 감안한다면, 당진에서 산에 올라 횃불을 놓고 봉화를 올리면서 독립만세를 불렀던 사실은 순성, 면천만에서만 있었던 일이 아니라 당진 전역에

---

182 『매일신보』, 1919년 04월 13일 3면 7단 "各地의 騷擾".

서 횃불과 봉화를 통한 독립만세운동이 일어났다고 보는 것이 합리적일 것이다. 실제로 기록으로 확인되지는 않지만 송산면 삼월리에서도 산에 올라 봉화 독립만세운동을 일으켰고, 봉화 만세운동 다음날 일제 경찰이 주동자를 색출하여 태형을 가하기도 하였다는 증언이 있다.[183] 또한 우강면 세류리에서도 밤에 횃불을 놓고 만세를 부르는 등 독립만세운동을 벌였다는 증언이 있다. 이러한 사실을 통해서 유추해 보면, 1919년 4월 초순경 당진에서는 대다수의 마을에서 뒷산에 올라 불을 밝히고 독립만세를 소리 높이 불렀을 것으로 추정할 수 있다.

이상으로 당진에서 전개된 독립만세운동 중 지금까지 알려지지 않았던 독립만세운동을 정리하여 보았다. 이것을 통해 알 수 있는 사실은, 당진에서는 그동안 잘 알려지지 않았던 독립만세운동이 더 많이 일어났었다는 점이다. 그러나 이러한 독립만세운동은 기록으로 남아 있지 않아 사실 확인이 쉽지 않고, 100년이 지난 일이라 이를 증언할 사람도 많지 않다. 따라서 3·1혁명 100주년을 맞아 지금까지 알려지지 않았던 독립만세운동을 밝히고 주동했던 독립운동가를 찾아내는 일은 더 이상 미룰 수 없는 일이다.

---

183 김남석, 『일제강점기 당진지역 민족운동 연구』, 충남대학교 박사학위논문, 2010, 56쪽.

::참고자료

『고종실록』.

『승정원일기』.

『동아일보』.

『大阪毎日新聞』.

『매일노동뉴스』.

『매일신보』.

『신한민보』.

『조선일보』.

『조선중앙일보』.

『중외일보』.

『朝鮮獨立新聞』.

『한겨레신문』.

『국외항일운동 자료 일본외무성기록』, 국사편찬위원회.

『大正八年 騷擾事件ニ關スル道長官報告綴』, 七冊ノ內二.

국가기록원, 김공우 외 9인 판결문.

국가기록원, 김형기 외 209인 판결문.

국가기록원, 민옥금 외 6인 판결문.

국가기록원, 민재봉 판결문.

국가기록원, 손병희 외 46인 판결문.

국가기록원, 신봉조 외 72인 판결문.

국가기록원, 양재순 외 8인 판결문.

국가기록원, 윤익선 외 7인 판결문.

국가기록원, 이계창 외 28인 판결문.

국가기록원, 이병철 외 23인 판결문.

국가기록원, 이인정 외 3인 판결문.

국가기록원, 이인정 외 33인 판결문.

국가기록원, 한연순 외 1인 판결문.

국가기록원, 현석철 외 17인 판결문.

『기호흥학회월보』2.

『대한민국임시정부자료집』2권, 임시의정원 I, 국사편찬
　　　　위원회.

『(1942年度)朝鮮年鑑』.

『(1943年度)朝鮮年鑑』.

『(1945年度)朝鮮年鑑』.

「朝鮮臨戰報國團發起人·役員 名簿」,『朝鮮臨戰報國團槪
　　　　要』(朝鮮臨戰報國團, 1941.10), .

『朝鮮騷擾事件關係書類』共7冊 其1, 국사편찬위원회.

『朝鮮騷擾事件關係書類』共7冊 其7, 국사편찬위원회.

『朝鮮紳士大同譜』.

『한국민족문화대백과사전』.

『韓民族獨立運動史資料集』9권, 국사편찬위원회. 1989.

『韓民族獨立運動史資料集』10권, 국사편찬위원회. 1989.

『韓民族獨立運動史資料集』11권, 국사편찬위원회. 1990.

『韓民族獨立運動史資料集』12권, 국사편찬위원회. 1990.

『韓民族獨立運動史資料集』13권, 국사편찬위원회. 1990.

『韓民族獨立運動史資料集』14권, 국사편찬위원회. 1991.

『韓民族獨立運動史資料集』15권, 국사편찬위원회. 1991.

『韓民族獨立運動史資料集』16권, 국사편찬위원회. 1993.

『韓民族獨立運動史資料集』17권, 국사편찬위원회. 1994.

『韓民族獨立運動史資料集』18권, 국사편찬위원회. 1994.

『韓民族獨立運動史資料集』19권, 국사편찬위원회. 1994.

『韓民族獨立運動史資料集』20권, 국사편찬위원회. 1994.

『韓民族獨立運動史資料集』21권, 국사편찬위원회. 1995.

『韓民族獨立運動史資料集』22권, 국사편찬위원회. 1995.

『韓民族獨立運動史資料集』23권, 국사편찬위원회. 1995.

『韓民族獨立運動史資料集』24권, 국사편찬위원회. 1995.

『韓民族獨立運動史資料集』25권, 국사편찬위원회. 1996.

『韓民族獨立運動史資料集』26권, 국사편찬위원회. 1996.

『韓民族獨立運動史資料集』27권, 국사편찬위원회. 1996.

강만길,『고쳐 쓴 한국현대사』, 창작과 비평사, 1997.

강철구 외,『충남지방 3.1혁명의 재조명』, 당진역사문화
연구소, 2019.

김남석,『일제강점기 당진지역 민족운동 연구』, 충남대학
교 박사학위논문, 2010,.

김도형,「발굴 한국현대사 인물54: 차금봉-철도 노동자
출신 조선공산당 당수」,『한겨레신문』, 1991.

김상기 외,『당진 3.1독립만세운동의 재조명』, 당진문화
원 당나루향토문화연구소, 2019.

김영곤,「근대지식인의 사상과 동학농민혁명, 당진역사문
화연구소, 2016.12.23.

김영곤,「동학농민혁명에서 3.1혁명까지 당진의 사상을
찾아」,『동학농민혁명 정신의 계승과 3.1혁

명』, 당진역사문화연구소, 2018.11.16.

김종욱, 박정희, 『심훈전집』1, 글누림출판사, 2016.

김종욱, 박정희, 『심훈전집』2, 글누림출판사, 2016.

김종욱, 박정희, 『심훈전집』3, 글누림출판사, 2016.

김종욱, 박정희, 『심훈전집』4, 글누림출판사, 2016.

김종욱, 박정희, 『심훈전집』5, 글누림출판사, 2016.

김종욱, 박정희, 『심훈전집』6, 글누림출판사, 2016.

김종욱, 박정희, 『심훈전집』7, 글누림출판사, 2016.

김종욱, 박정희, 『심훈전집』8, 글누림출판사, 2016.

김준엽 편, 『石麟 閔弼鎬傳』, 나남출판, 1995.

김학로 외, 『당진에서 본 동학농민혁명』, 당진역사문화연구소, 2015.

김희곤, 「신한청년당의 독립운동과 임시정부 수립」, 『중국관내 한국독립운동단체연구』, 지식산업사, 1995.

논픽션그룹 실록, 『역사 논픽션 3.1운동』, 한울, 2019.

박상건, 「원용은의 3.1독립만세운동 거사록」(1977. 원춘희 증언), 『당진지역 항일독립운동사』, 당진문화원, 1991, .

박찬승, 「근현대 당진지방의 정치사회적 동향과 지역엘리트」, 역사문화학회, 『지방사와 지방문화』 7-2호, 2004.

성주현, 「박인호계의 동학혁명과 그 이후의 동향」, 『동학학보』, 2013.

이만규, 『呂運亨先生鬪爭史』, 민주문화사, 1946, 21-22쪽.

이정식, 『여운형』, 서울대학교출판부, 2006.

이정은, 「당진 대호지 4·4독립만세운동의 전개과정과 특성」, 『당진 대호지 4·4독립만세운동 학술고증용역보고서』, 2007.

이이화, 『한국사이야기』 20권, 한길사, 2015.

이종일, 「옥파비망록」, 『옥파이종일선생 논설집』, 옥파문화재단, 교학사, 1984.

이창건, 「3.1운동 주도세력의 운동성향에 대한 연구」, 『영진전문대학논문집』22호, 2000.

최효식, 「의암 손병희와 3.1독립운동」, 『동학연구』14, 15호 2003, .

최은희, 『여성을 넘어 아낙의 너울을 벗고』, 문이재, 2003.

한시준 외, 『당진지역 3.1운동의 역사적 의의』, 당진역사문화연구소, 2017.

『2010 상반기 조사보고서, 진실화해위원회 제9차 보고서』, 진실화해위원회, 2010.

::저자소개

김학로

1982년부터 대학에서 역사를 공부하였다.

프레스와 선반공으로 공장생활을 하다 해고되었다.

충남민주노동자연합에서 상근을 하며 민주화운동을 하였다.

민주노동당 발기인으로 참여하였고, 정의당 충남도당 위원장을 하였다.

2013년부터 역사연구에 주목하여 당진역사문화연구소를 열었고, 지속가능한 일로 지방사 연구를 시작하였다. 연구성과를 모아 『당진에서 본 동학농민혁명』(상록출판사, 2015)을 출간하였고, 이를 알리고 가르치기 위해 2016년 초록별교실협동조합을 설립하였다.

2017년 당진시 동학농민혁명 승전목기념사업회에서 상임이사로 활동하며 충남교육청과 동학농민혁명을 주제로 중고생들에게 역사를 가르쳤다.

2019년 당진에서 고려인동포들에게 자녀를 위한 초록별교실 어린이 놀이방을 열어 체류와 정착을 돕고 있다.

이글은 2018년부터 2019년 3·1혁명 100주년을 맞아 당진지역에서 벌어진 3·1혁명에 관한 사건과 인물을 발굴하여 당진신문에 연재하였는데 출간하면서 정리 보완한 것이다.